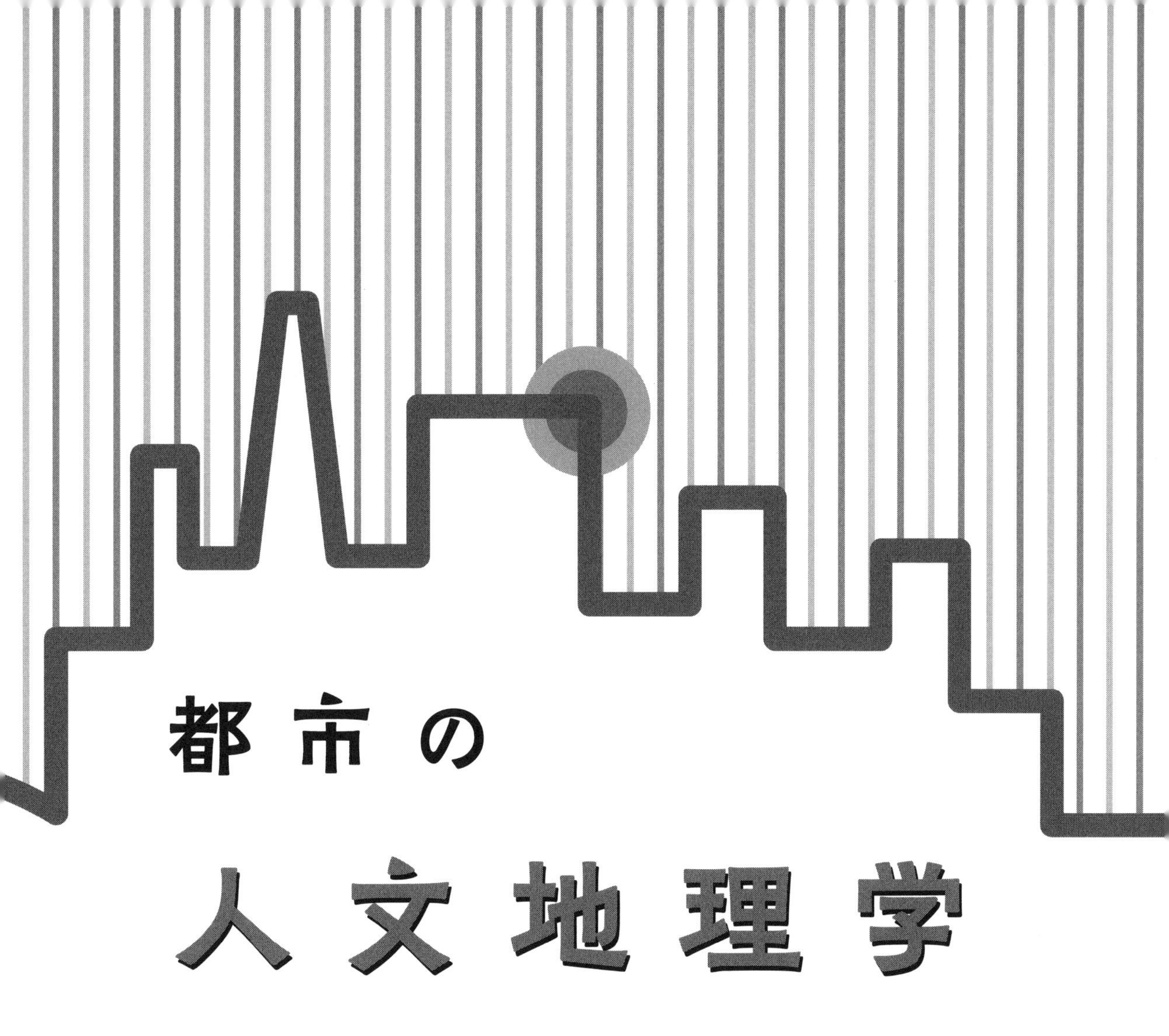

都市の
人文地理学

稲垣　稜 著

古今書院

まえがき

本書は，人文地理学の立場から都市を解説するテキストである．前著『現代社会の人文地理学』では，人文地理学全般にわたる解説を試みたが，本書では都市に焦点を絞り，多様な性格を持つ都市の実態を紹介している．本書は，人文地理学をはじめて学ぶ人，人文地理学の中でも都市を研究フィールドにしようと考えている人を対象としている．

人文地理学の立場から都市を取り上げた書籍はこれまでにも刊行されている．読み応えがあり，学術的に価値の高いものも数多く存在する．これに対し，初学者向けのテキストとなると意外に少ないのが現状である．本書では,主にこれまでの人文地理学の研究成果をもとにして,さまざまな側面から平易な形で都市を紹介している．掲載した図表の多くは，人文地理学の研究論文から引用したものであり，都市の実態解明に人文地理学がどのように関わってきたのかがわかるようにも配慮したつもりである．一方，入門書としての性格上，既存研究の厳密なレビューや批評に紙幅を割く必要性は小さい．そのため，既存文献の紹介は最小限にとどめ，なるべく都市の実態を詳しく説明することに力を注いだ．

本書を読み終えれば，人文地理学における都市の見方，考え方が一通り理解できるものと考えている．本書で学んだことをきっかけとして，より専門的な学習，研究へとスムーズに移行してもらえれば幸いである．

本書の出版に際して，前著に引き続き，古今書院の原光一氏，鈴木憲子氏には大変お世話になった．記して感謝いたします．

2019 年（令和元年）5 月 1 日

稲垣　稜

目　次

1章　はじめに－人文地理学における都市

1．都市とは

都市の起源として一般的に考えられているのは，4大文明発祥の大河流域である．狩猟採集から農耕へとシフトし定住化がすすむようになり，農業技術が飛躍的に向上した．やがて余剰農産物の生産に成功し，都市を構成する非農業人口を養うことができるようになった（岩男，1994）．さらに，余剰農産物の交換が行われるようになると，商人が登場し，それらを管理する階層（貴族など）もあらわれた．こうして初期の都市が成立，発展したと考えられている．

初期の都市成立には農業の発達が重要であったが，ひとたび都市が成立すると，商工業，交通，政治権力などが都市発展の原動力になっていった．ギリシャ・ローマの時代には，交易の拠点となる都市も誕生し，ローマ帝国の拡大にともなって都市は増加していった．

アジアでは，唐の時代に長安が建設され，それに倣って日本でも平城京（図1-1）や平安京が建設された．中世以降の日本では，宿場町，港町，門前町，城下町が発展していく．近代になると，工業の重要性が特に高まり，全国に工業都市が誕生する．

このように，都市の成立，発展は非常に多様であるが，そもそも都市とは何なのか．これは，

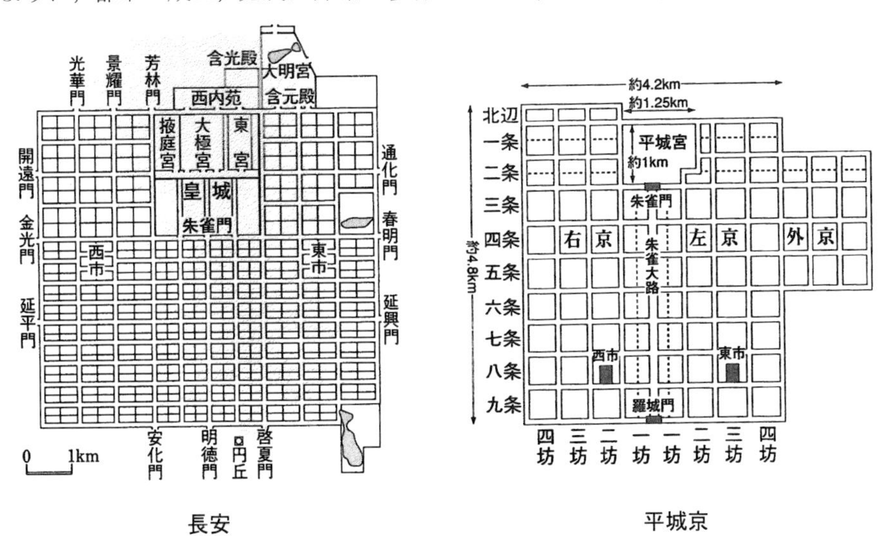

図1-1　中国・長安と平城京
（千田　稔『平城京の風景（新装版）』文英堂，2005年）

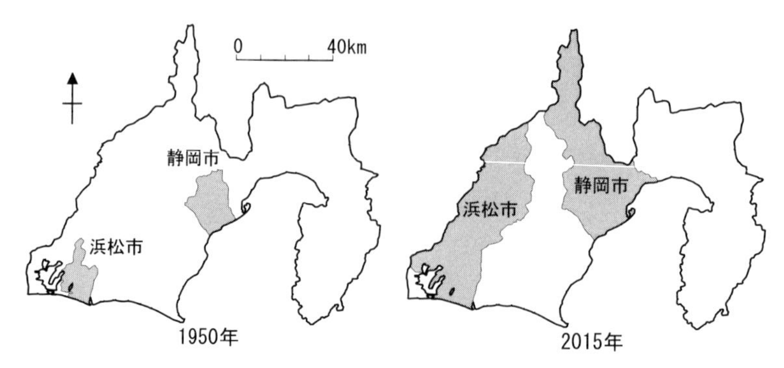

図 1-2　静岡市と浜松市の市域の変化

表 1-1　静岡市と浜松市の DID 人口・面積

	人口（人）		面積（km²）	
	静岡市	浜松市	静岡市	浜松市
市全体	704,989	797,980	1,411.9	1,558.1
DID	621,501	475,253	103.9	85.4
DID の占める割合（%）	88.2	59.6	7.4	5.5

（国勢調査をもとに作成）

国・地域によっても，時代によっても，そして研究者によっても異なる．しかし，いずれにも共通するのは，非農業が産業の中心であり，人口が集積しているという点であろう．『最新地理学用語辞典（改訂版）』でも，「集落の一種で，人口規模が大きく，かつ密集しており，第二次，第三次産業ないし周辺地域の中心地であることを主たる機能とするもの」と都市を定義している．

しかし，現実に都市とみなされている地域の中には，この定義に必ずしも当てはまらないものもある．例えば，住機能に特化した都市である．大規模ニュータウン（10 章）の場合，人口規模や密度の点では都市の定義に該当するが，「第二次，第三次産業ないし周辺地域の中心地」に当てはまるとは言いがたい．そもそも産業は少ないし，周辺地域の中心地でもない．むしろ大都市の周辺地域である．ここからも，都市の多様な側面をみてとることができる．

行政上の「市」をもって都市と考えることもある．先ほどの『最新地理学用語辞典（改訂版）』には，「統計利用上の便宜などから行政上の市をもって都市と見なすこともしばしば行われる」とも記されている．実際にはこの使われ方が最も多いと思われる．日本のみならず，世界の大半の国・地域では，行政区画ごとに統計を整備しているため，統計を利用した各種の都市分析を行うためには，行政上の「市」を都市，それ以外を村落（都市以外）などと見なすほうが効率的である．

しかし，たびたび行われる市町村合併により，それまで「町」や「村」であった自治体が統合して「市」に変更されると，「市」を都市と見なすことの妥当性が失われていくことになる．図 1-2 は，静岡県の主要 2 市である静岡市と浜松市の市域の変化を示したものである．戦後に行われた合併により，両市ともに市域は大幅に拡大しているが，新たに加わった部分の大半は，山間部に位置する町村であった．つまり，「市」でありながら，村落的特徴を持つ地域を広範囲に含む自治体が誕生したのである．

このような問題をふまえ，より実質的な都市地域を確定しようとする試みがなされている．DID（人口集中地区）と呼ばれるものがそれである．DIDとは，Densely Inhabited Districtの略であり，1950年代に行われた昭和の大合併（11章）の結果，旧来の市域に膨大な町村が組み込まれたことをふまえて設定された．人口密度1km^{2}あたり4,000人以上の基本単位区（以前は国勢調査区）が隣接して，合計で5,000人以上となる区域がDIDである．

表1-1は，静岡市と浜松市のDID人口，DID面積，そしてそれらが市全体の中でどの程度の割合を占めているのかを示したものである．DID面積は，それぞれの市のごく一部（7.4％，5.5％）に過ぎないが，DID人口割合をみると，静岡市で約9割，浜松市でも約6割となる．実際に都市を考える上では，統計利用上の利便性からも，主として市町村の枠組みを利用することになるであろうが，上記のような問題をかかえていることはふまえておくべきである．

2. 人文地理学における都市研究

前節でみただけでも都市が多様であることは明らかであるが，これに対応して，都市を理解するためのアプローチも多様である．本書は，人文地理学の立場から都市を紹介，解説するものであるので，人文地理学における都市研究の流れをおさえておきたい．

地理学とは，地表上の諸現象を研究対象とし，その地域的特性を解明しようとする学問である．そのうち自然現象に着目するものを自然地理学，人文現象に着目するものを人文地理学と呼んでいる．人文地理学において，都市を研究対象とする分野として都市地理学がある．このため，本書では，主として都市地理学の研究成果をふまえて都市をみていくことになる．

都市地理学というのは，人文地理学における他の分野と比べるとやや特殊な位置づけにある（図1-3）．経済地理学，社会地理学，政治地理学などは，それぞれ地表上の経済現象，社会現象，政治現象を研究対象とするが，都市地理学はそのような「現象」ではなく，都市という「地域」が研究対象となる．都市地理学とは，他の人文地理学分野の研究成果を取り入れつつ，都市を総合的に考察する学問であるといえる（林，2012）．

20世紀以降の都市地理学の研究系譜をみていくと，初期には，都市の物理的特性や形態へ

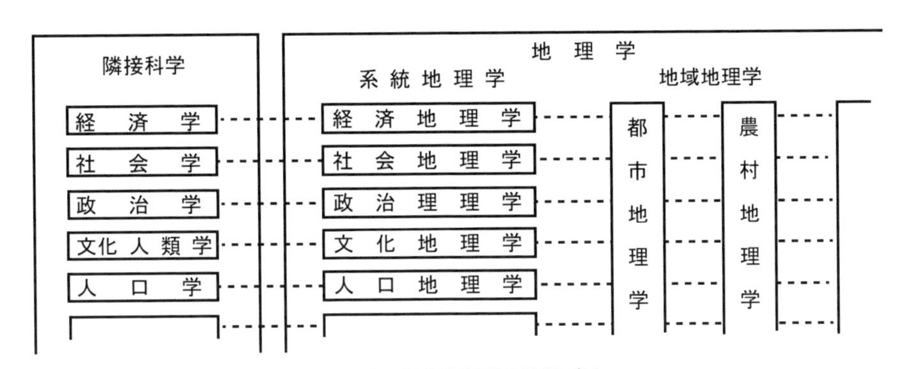

図1-3　都市地理学の位置づけ
（林　上『現代都市地理学』原書房，2012年）

の関心が強かった．主として，都市（集落）がどこに立地しているのか，なぜ立地したのかに注目したり，建造物や建築用地規模によって都市を分類したりする研究が行われた．これらのアプローチは，戦後の 1950 〜 60 年代にかけての時期に批判にさらされるようになる．都市の規模が拡大し複雑化した結果，従来のような単純な分類研究では対応できなくなったためである．また 1950 〜 60 年代は，人文地理学や他の社会科学において，より科学的なアプローチが主流を占めるようになった時期でもあり，従来のアプローチの仕方が科学的ではないとされるようになった．

こうして新たに主流となってきたのが実証主義的アプローチである．これは，観察される地理的パターンを生み出す普遍的な法則や筋道を明らかにすることを目的とするものである．普遍的な法則を明らかにしようとする姿勢が，それまでのアプローチと大きく異なる点である．実証主義的アプローチが主流となった背景には，コンピュータによって膨大な統計データの処理が可能になったことがある．

実証主義的アプローチには，主に生態学的アプローチと新古典派アプローチがある．生態学的アプローチとは，人間の行動は生態学的原則，すなわちある一定の空間において最も力をもつ集団が最も有利な場所を占めるという原則に決定づけられるという考えをベースとしたものである．この初期の事例が，3 章でも紹介するバージェスらのシカゴ学派の都市モデルであり，その後はコンピュータの発達により，モデルの精緻化がすすめられていった．しかし，都市構造の精緻かつ克明な記述はなされたものの，都市で生じる諸問題に対してそれ以上のものを提示することができず，結果として他のアプローチに取って代わられていった．

新古典派アプローチとは，人間の行動は一つの物事に動機づけられており，それゆえ予測が可能であるとする考えをベースとしたものである．これは，人間は合理的に動くことを前提とした考え方である．例えば，モノを購入する際，人はコストを最小化し，便益を最大化しようとする中で，どこで何を買うかを決めるとされる．この考え方は，発展する都市を説明する有力な手段となった．しかし，人間の行動に対してあまりにも単純な仮定を設定していることや，行動を起こす際の多様な動機を軽視していることなどで，批判を浴びることになる．

実証主義的アプローチへの反論として発展してきたのが，行動論的アプローチや人文主義的アプローチと呼ばれるものであり，人間が周囲環境を認識する様式に焦点を当てるべきであるという考え方である．行動論的アプローチは，実証主義的アプローチを批判する立場ではあるが，完全に異なるものではない．実証主義的アプローチにおける「人間行動へのきわめて狭い概念」を拡張し，人間の行動の根底にある価値，目的，動機などを明確にすることを追求した．ここには，実証主義的アプローチと同様，人間の行動を「一般化」することへの関心がまだ強かった．人文主義的アプローチは，行動論者よりも深く，主観的で，複雑な関係性に関心をもち，個人，集団，場所，景観などの複雑な関係を理解しようとした．

これら行動論的・人文主義的アプローチで問題とされたのは，人間の行動に対する意思決定や，行動に対する制約を考慮することができていないという点であった．この批判は，構造主義的アプローチによって主としてなされた．これは，現象の表層からは地域問題の本質は見えてこないとする立場をとる．この考え方にはマルクス主義の影響もあり，地理学においても，社会問題を解決するべく，より社会に関わっていくことが必要とされた．

さらに，オイルショックを契機とした大量生産方式の終焉に合わせるように，ポストモダンと呼ばれるアプローチにもとづく研究がみられるようになった．地域における多様な個人，集団の存在を強調するこのアプローチにより，ジェンダーやエスニック・マイノリティなどを切り口にした都市地理学的研究が深められていった．

20 世紀の都市研究の流れは以上の通りである．ただし，この流れはあくまで各時代における主流や新しい潮流を示したものであり，実際には同じ時期に多様なアプローチが積み重ねられている．また現実には，いずれか一つのアプローチのみで都市を理解することはできず，いくつかのアプローチを関連づけることで，都市に対するよりよい理解が得られるのである．

［参考文献］

岩男耕三「都市と人間－人間にとって都市とはなにか（1)」国際経営フォーラム 6，1994 年
千田　稔『平城京の風景：人物と史跡でたどる青丹よし奈良の都　第 3 刷版（古代の三都を歩く））』文英堂，2005 年
林　上『現代都市地理学』原書房，2012 年

2章　都市間の結合関係

1．都市間の結合関係と都市システム

どのような地域でも，その地域だけで独立して存在することは不可能であり，他の地域との相互関係によって成立している．例えば，工業化初期における中心都市と周辺地域の関係を考えてみる．中心都市は，周辺地域の農山村から食料（農産物）や原料を調達する．都市住民は，そこで得られた食料を消費するし，原料を加工して工業製品を製造する．この工業製品は，都市住民のみならず周辺地域の住民に対しても供給される．また，都市にはさまざまな商業やサービスも成立し，それらを求めて周辺地域の住民は都市に日々移動することも考えられる．

このような相互関係は，産業革命を経て人々の移動範囲が拡大するにつれてより強固なものになってきた．もはや日常生活圏にとどまらず，経済，文化，政治などさまざまな活動が広域に拡大し，地域間交流は活発化している．中でも経済的，文化的，政治的な中枢機能が集積する都市どうしは，相互関係を強めてきた．

ここでは，このような都市間の結合関係に着目する．地理学においては，都市間の結合関係を考える際に都市システムの概念を用いることが多い．都市システムとは，システムの概念を都市間関係に置き換えたものである．システムとは，『広辞苑　第七版』によると，「複数の要素が有機的に関係しあい，全体としてまとまった機能を発揮している要素の集合体」とある．これを都市システムに置き換えると，要素とは都市のことであり，その集合体が都市システムとなる．

2．さまざまな地域スケールでの都市システム

都市システムを把握しようとする場合，要素である都市に着目し，各都市の量的，質的特性を明らかにしようとするものと，都市間の相互関係に着目するものに区分することができる．前者については，人口規模，本社・支所（支社，支店，営業所などと呼ばれるもの）の数，預金量，小売業･卸売業集積など，後者については，人口，情報，資本，交通，通勤などの流動，本社－支所関係などが指標とされてきた（田辺編，1982；阿部，1991）．

都市間の相互関係について，何を指標として取り上げるかは，地域スケールによって異なる．狭い範囲を考えるのであれば，通勤流動や購買行動などの日常的な移動が指標として考えられ

る．これに対し，国家レベル，国際レベルで考えるとなると，日常的な移動で都市システムを把握することはできないので，資本，情報の流れや支所の配置など，国家的，国際的スケールで展開される指標が採用される．

地域スケールごとの都市システムの概念図は図 2-1 のようになる．国際的都市システムにおいては，世界都市や国家的大都市などと呼ばれる少数の主要都市間の結合関係が問題とされるのに対し，地域的都市システムにおいては，多数の地域中心都市どうしの結合関係に焦点があてられる．この図には示されていないが，地域的都市システムよりもさらにスケールの小さい日常的都市システムもある（田辺，1982）．以下では，地域スケールごとにどのような都市システムが形成されているのかを考える．

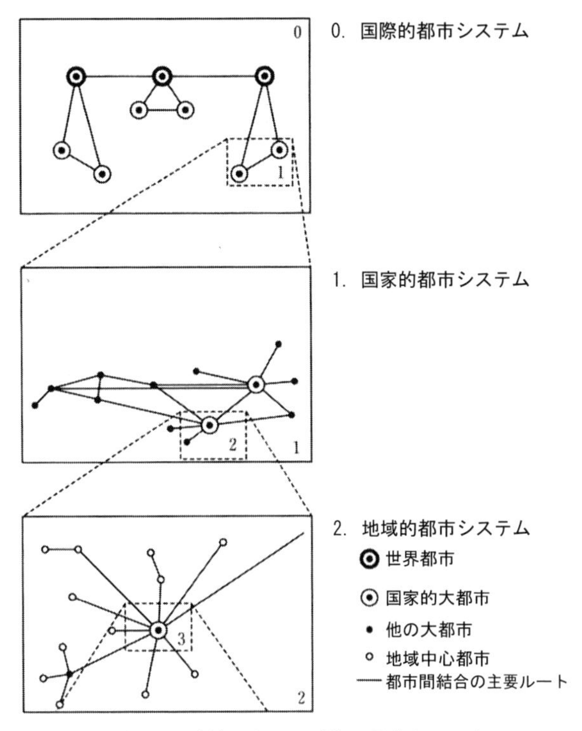

図 2-1　地域スケールごとの都市システム
（松原　宏編著『アジアの都市システム』九州大学出版会，1998 年）

a. 日常的都市システム・地域的都市システム

日常的都市システムにおいて重要な指標となるのが，日々の人々の移動である通勤や購買行動である．これらの行動は，往復 1 日で完結するものである．ここでは，通勤を取り上げて考える．広範囲にわたる市町村から通勤到着地となる都市を A とすると，都市 A は，さまざまな機能が集中した中心地ということができる．その都市 A に対して大量の通勤流出者がみられる都市を B とすると，都市 B からみれば都市 A は上位中心地と呼ばれる．「都市 B は都市 A に従属している」のように言うこともある．同様に，都市 B に対して大量の通勤流出者がみられる都市を C とすると，都市 C からみれば都市 B は上位中心地となる．言い換えれば，「都市 C は都市 B に従属している」ことになる．このように，都市にはさまざまなランクが存在し，それらが一つのまとまりをもって地域（都市システム）を構成している．

図 2-2 は，通勤流動（各市町村からの最大通勤量）を指標にして，千葉県における都市システムを示したものである．千葉県内で最も高い階層に位置するのは千葉市であり，隣接市町村のみならず遠隔地からの最大通勤先にもなっている．千葉市に次ぐ階層に位置するのが船橋市と成田市である．これらの都市は，近隣市町村からの最大通勤先となっているが，船橋市，成田市自身は千葉市を最大通勤先としている．このため，船橋市，成田市は，千葉市に従属する下位中心地ということになる．さらに，船橋市，成田市に従属している市町村も存在するので，

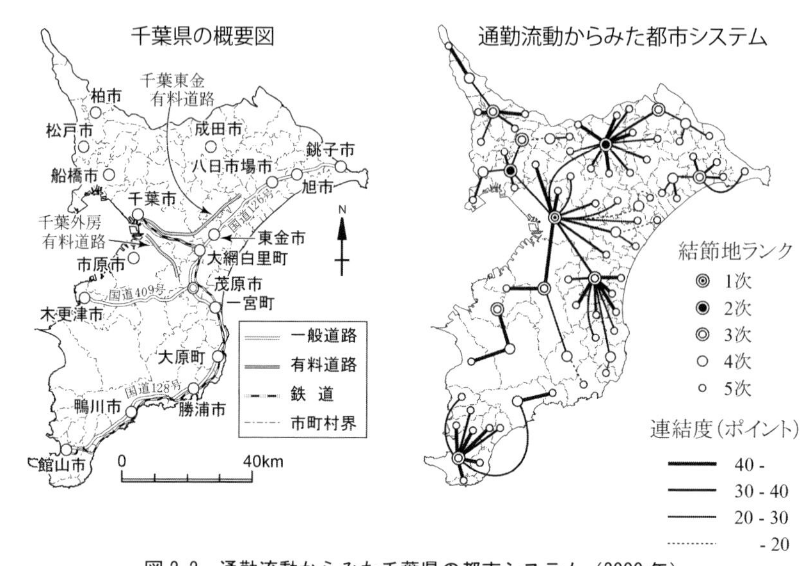

図 2-2　通勤流動からみた千葉県の都市システム（2000 年）
（駒木伸比古・李虎相・藤野　翔「都市システムからみた九十九里地域における茂原市の中心性とその変容」地域研究年報 28，2006 年）

千葉市は，非常に多くの市町村で形成される都市システムの頂点にいることになる．

しかし，図 2-2 からは，最も高階層に位置する千葉市であっても県域全体に及ぶ都市システムは形成されていないこともわかる．これに対し，人口移動などを指標とする場合には，県域の全都市が県庁所在都市などの主要都市を頂点とする階層的な連結構造に組み込まれていることが多い．このような県域スケールの都市システムのことを，地域的都市システムと呼ぶこともある（森川，1990）．

b. 国家的都市システム

続いて，全国スケールの都市システムをみていこう．企業による本社－支所関係を指標として取り上げる．ここでいう支所とは，支社（支店），営業所などと呼ばれる，本社以外のオフィス部門をあわせたものとしておく．戦前における企業の事業展開の範囲は，主としてローカルレベルにとどまっていた．この時期に全国展開していた企業は，一部の財閥企業に限定されていたといえよう．戦後，高度経済成長期に入ると，大都市圏のみならず地方においても消費・サービス需要が高まったことで，数多くの企業が全国展開を本格化させるようになった．その際，どこに支所を置くかが重要な問題となる．支所を配置する地域を増やせば，進出地域のニーズを細かにくみ取ることはできるであろうが，その分コストも増大することになるため，適正な支所配置が求められる．

一般に企業は，「本社（本店）→支社（支店）→営業所」のような構造をもつことが多い．本社（本店）は支社（支店）をコントロールし，支社（支店）は営業所をコントロールする．これに都市を対応させると，「本社（本店）＝東京，大阪（名古屋），支社（支店）＝札幌，仙台，広島，福岡，営業所＝その他の県庁所在都市や地方都市」となることが多い．このような支所配置パ

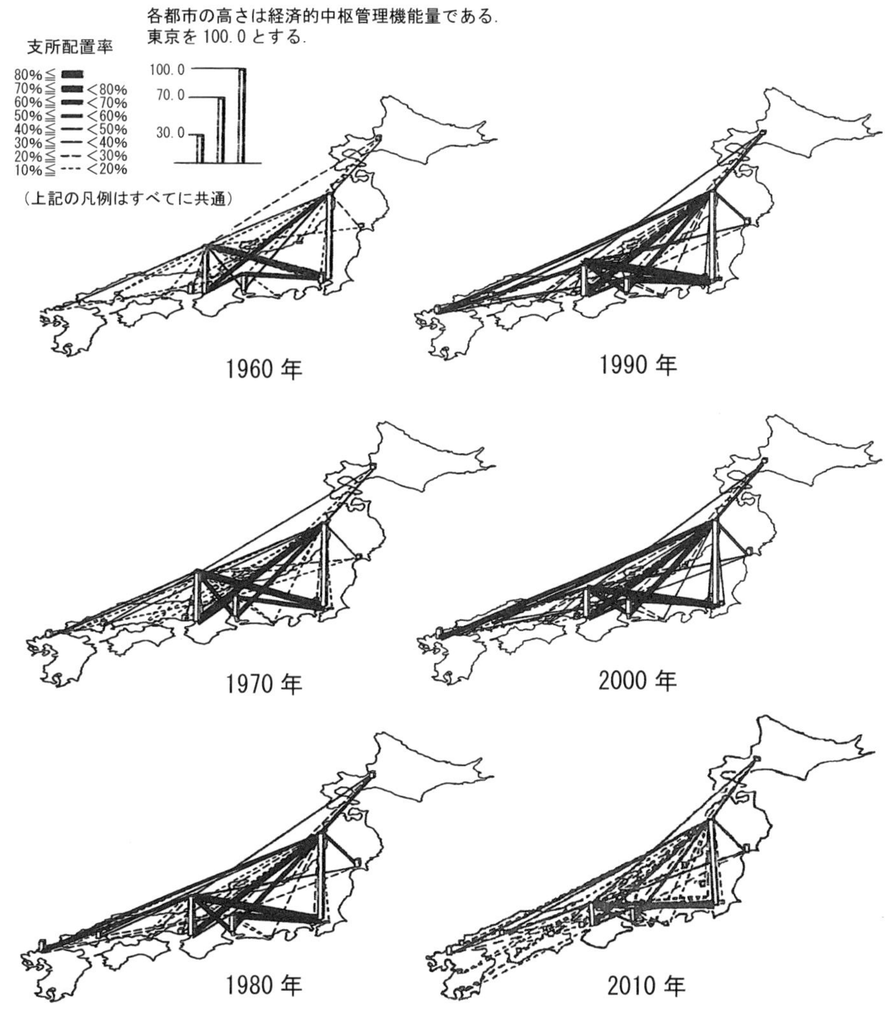

注1：東京・大阪・名古屋本社企業からの支所配置率が柱頭部から各都市の柱足部へ示されている.
2：東京・大阪・名古屋相互間は2都市間の支所配置率の平均である.

図 2-3　三大都市の本社企業の支所配置
(阿部和俊「わが国の経済的中枢管理機能の立地と都市システム」地理科学 69-3，2014 年，および阿部和俊「経済的中枢管理機能からみた日本の主要都市と都市システム（2010 年）」季刊地理学 67-3, 2015 年)

ターンが多いのは,全国展開する企業の多くがこれを適正(合理的)とみなしているからである.

図 2-3 は，東京，大阪，名古屋に本社をもつ企業が，他の都市にどの程度支所を配置しているのかを示したものである．柱の高さは，東京の経済的中枢管理機能量（本社，支所の従業者数）を 100 とした場合の各都市の割合である．この図から明瞭なのは，支所の配置率を指標とした都市間の結びつき（都市間を結ぶ線の太さ）は，少なくとも 2000 年までは強くなってきたことである．柱の高さ（経済的中枢管理機能量）に着目すると，東京に対する大阪の地位が大幅に低下してきたこともわかる．これは，後述するように，東京がグローバルな拠点性を高めたことと関係している.

表 2-1　仙台支店の開設年次

開設年次	全支店	主要業種			
		卸売業	建設業	サービス業	金融保険業
～ 1944	2.2	1.1	1.4	1.1	21.5
1945 ～ 1954	6.0	4.6	13.8	3.7	13.3
1955 ～ 1959	5.5	5.2	7.5	3.0	9.5
1960 ～ 1964	13.1	14.1	15.9	8.0	10.8
1965 ～ 1969	15.0	17.0	13.8	10.3	5.7
1970 ～ 1974	20.9	21.4	22.0	19.9	8.9
1975 ～ 1979	16.8	17.5	14.5	17.4	12.7
1980 ～ 1984	12.7	12.6	6.1	21.0	9.5
1985 ～ 1990	6.3	4.9	3.7	14.4	7.6
不明	1.5	1.6	1.4	1.4	0.6
全支店数	3,988 (100)	2,702 (100)	428 (100)	438 (100)	158 (100)

（日野正輝『都市発展と支店立地－都市の拠点性』古今書院，1996 年）

このほかに図 2-3 では，1960 年から 1980 年にかけての時期に，札幌，仙台，広島，福岡の経済的中枢管理機能量が高まってきたことが読み取れる．これらの都市は，広域中心都市（もしくは地方中枢都市）と呼ばれ，中枢管理機能の集積によって，それぞれの都市の位置する県域のみならず地方ブロックにまで影響圏を広げるようになった．これら 4 都市は，それぞれの頭文字をとって「札仙広福」とまとめて呼ばれることもある．これらの都市で注目すべき点は，支社（支店）の多さである．東京，大阪に本社をもつ企業が，全国展開するにあたってこれらの都市に支社（支店）を置いたのである．

仙台を例にとると，支社（支店）の開設年次を示した表 2-1 から，1960 年代，1970 年代に支社（支店）の多くが開設されたことがわかる．日野（1996）によると，仙台は，東北地方の他都市に比べ，東京，大阪に本社を置く全国企業の支社（支店）割合が非常に高かった．さらに，東北地方の主要都市における支所のテリトリー（管轄範囲）に着目すると（表 2-2），仙台市以外の都市の支社（支店）は，当該支社（支店）が位置する県域をテリトリーとする割合が高いのに対して，仙台の支社（支店）は，東北 6 県をテリトリーとしている．東京，大阪に本社を置く企業が，東北ブロック全域を管轄する支社（支店）を仙台に配置し，仙台支社（支店）の管轄の下で，各県域を管轄する営業所クラスの支社（支店）を各県の中心都市に配置していることを示すものである．

以上のように，経済的中枢管理機能による国家的都市システムの形成には，広域中心都市（もしくは地方中枢都市）と呼ばれる都市が重要な役割を果たしていることが明らかである．これら「札仙広福」の重要性とは対照的に，横浜市，川崎市，京都市，神戸市は，国家的都市システムの中では低い地位にある．この要因として，これらの都市が，東京，大阪を中心とする大都市圏内に位置していることが関係している．例えば，東京に本社を置く企業が関西地方に進出する場合，大阪に支社（支店）を置き，大阪支社（支店）の営業員が京都市や神戸市を担当することは大いにあり得るであろう．たとえ京都市や神戸市に支所が置かれるとしても，それ

表 2-2　東北地方主要都市の支店テリトリー

仙台支店

テリトリー	全支店
東北6県	72.7
東北・北海道	3.2
東北・新潟県	1.7
東北4～5県	4.7
南東北3県	3.1
他の東北3県	1.0
宮城県と隣接県	1.9
宮城県	6.2
仙台市周辺	1.8
その他	2.3
不明	1.4
計 (回答数)	100.0 (3,988)

青森支店

テリトリー	全支店
県全域	60.6
津軽・下北	5.1
東津軽・下北	2.6
青森市周辺	6.1
県域と隣接県の一部	11.2
県域と秋田県	2.6
北東北3県	2.2
東北地方	1.3
その他	7.1
不明	1.3
計 (回答数)	100.0 (312支店)

盛岡支店

テリトりー	構成比率
県全域	37.3
久慈方面を除く県域	4.7
県央	8.8
盛岡市周辺	4.4
県域と隣接県の一部	4.9
県域と隣接県	6.6
北東北3県	20.3
東北5または6県	4.9
その他	4.1
不明	4.1
計 (回答数)	100.0 (365支店)

秋田支店

テリトリー	構成比率
県全域	66.3
大館地域を除く県域	2.4
沿岸地域	1.2
秋田周辺と由利郡	2.8
秋田市周辺	4.8
県域と山形県の一部	4.6
県域と青森県の一部	2.8
県域と山形・青森の一部	4.0
県域と青森県または山形県	3.2
その他	6.6
不明	1.2
計 (回答数)	100.0 (499支店)

福島支店

テリトリー	構成比率
県全域	41.2
中通り北部と浜通り北部	11.5
中通り北部	16.8
福島市周辺	5.3
東北地方	6.1
県域と隣接県	8.4
県北と隣接県の一部	3.9
その他	5.3
不明	1.5
計 (回答数)	100.0 (131支店)

山形支店

テリトリー	構成比率
県全域	58.8
山形県内陸部	26.6
山形市周辺	11.4
県全域と隣接県	4.4
県全域と隣接県一部	1.1
東北地方	3.1
その他	0.7
計 (回答数)	100.0 (457支店)

(日野正輝『都市発展と支店立地－都市の拠点性』古今書院，1996年)

らは大阪支社（支店）の管轄下に位置する営業所クラスのものとなる可能性は高い．つまり，企業組織の点からも，東京本社の直接の管轄下にある「札仙広福」の支社（支店）よりも，下位に位置することになる．

c. 国際的都市システム

経済のグローバル化がすすんだ現在，企業活動は国内にとどまらず世界レベルで展開されている．これにともない都市システムも変化し，一国家のレベルを越えて国際的都市システムが形成されるようになってきている（図2-1）．国際的都市システムの形成に重要な役割を担うのは，グローバルな拠点性をもった世界都市と呼ばれる都市である．世界都市であるためには，人口規模は必ずしも必須の条件ではなく，多国籍企業の中枢機能や国際金融センター機能の集積がより重要となる．例えば，ドイツのフランクフルト(図2-4)は人口70万程度にすぎないが，

EU 内の鉄道交通の要衝となっているとともに，国際航空拠点でもある．こうした地理的優位性などから，欧州中央銀行の本店が置かれるなど金融の中心地であり，多国籍企業の集積も顕著である．

複数の国・地域で事業を展開する企業，すなわち多国籍企業は，国際的な情報にいち早くアクセスできる都市に企業の中枢機能を置こうとする．また，多国籍企業の性格上，都市の国際金融センター機能も立地上の有力な条件となる．都市の側も，多国籍企業を引き付けるために，国際的な金融センター機能，情報機能を強化することに努める．

世界都市として知られるロンドンは，政策的に国際金融センター機能を強化させたことで知られる．1970 年代までのイギリスは，国際的地位の低下に悩んでいたが，1970 年代末に登場したサッチャー政権は，ロンドンを世界有数の国際金融センターに引き上げるため，金融ビッグバンと呼ばれる大胆な金融市場の規制緩和を実施した．それまで規制されてきた外資系金融機関の参入が，金融ビッグバンによって大幅に緩和された．これにともない，ロンドンの金融中心であるシティでは，外資系金融機関のオフィス面積が大幅に増加した（図 2-5）．オフィス需要の増加に対応するために，建築基準についても規制を緩和し，最新の情報通信設備を備えた超高層ビルが多数建設されるようになった（林編著，2007）．

アジアでは，世界第 2 位の経済大国へと躍り出た日本の存在感が増し，東京がロンドン，ニューヨークと並ぶ世界都市と称されるようになった．先述のように，国家的都市システムにおいては，東京に対する大阪の地位が大幅に低下したが（図 2-3），こ

図 2-4　フランクフルトの超高層ビル群（筆者撮影）

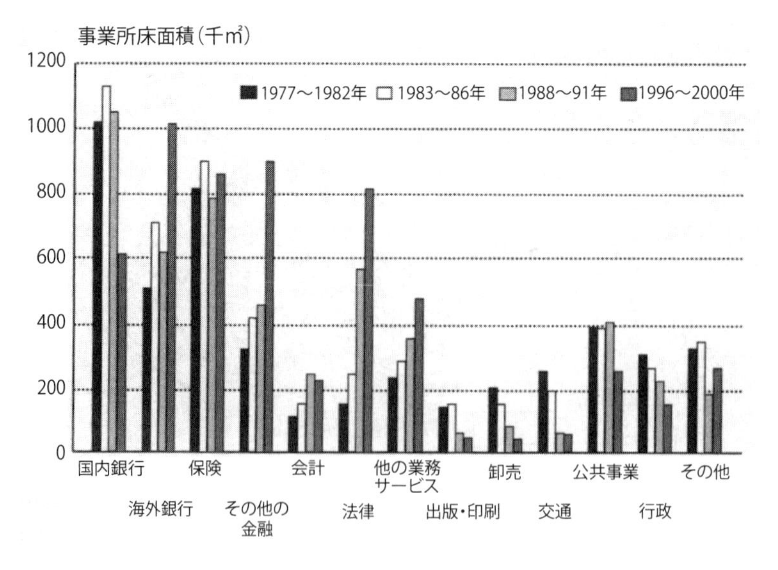

図 2-5　シティ・オブ・ロンドンにおける事業所床面積の推移

（林　上編著『現代都市地域の構造再編』原書房，2007 年）

れには東京の世界都市化が関係している．それまで大阪に本社を置いていた企業の中には，国際的な事業展開を契機に，国際的な情報の集積する東京に本社を移転させるようになったところも存在する．また，大阪本社は残しつつも，第二本社を東京に置き，実質的な中枢管理部門を東京に移す企業もあらわれた（阿部，2014）．

1980年代から1990年代にかけての東京は，ロンドン，ニューヨークとならぶ最高ランクの世界都市であり，国際的都市システムの頂点に位置していた．しかし，バブル経済崩壊後，外資系金融機関の多くは，アジアでの金融取引の中心を香港やシンガポールに移すようになり，国際金融センターとしての東京の地位は低下するようになった（久保・山崎，2017）．こうした状況に対応するため，日本政府や東京都は，東京の国際競争力強化を重要な政策として位置づけるようになった．その代表的なものが，小泉内閣による都市再生政策（2001年～）である．2002年の都市再生特別措置法にともなう規制緩和により，情報化や国際化に対応した大規模な都市再開発が可能になった．最新鋭の超高層インテリジェントビルが大量供給されたのもこの時期以降である（芳賀，2007）．その後の政権も，基本的には東京の世界都市としての国際競争力強化をすすめている．

［参考文献］

阿部和俊『日本の都市体系研究』地人書房，1991年
阿部和俊「わが国の経済的中枢管理機能の立地と都市システム」地理科学69-3．2014年
阿部和俊「経済的中枢管理機能からみた日本の主要都市と都市システム（2010年）」季刊地理学67-3，2015年
久保隆行・山﨑　朗「階層的都市システム研究における日本の都市のグローバルな位置づけ－都市地理学・世界都市論・都市ランキングの系譜から」都市地理学12，2017年
駒木伸比古・李虎相・藤野　翔「都市システムからみた九十九里地域における茂原市の中心性とその変容」地域研究年報28，2006年
田辺健一編『日本の都市システム－地理学的研究』古今書院，1982年
芳賀博文「東京におけるスカイラインの変貌」（阿部和俊編『都市の景観地理　日本編1』古今書院，2007年）
林　上編著『現代都市地域の構造再編』原書房，2007年
日野正輝『都市発展と支店立地－都市の拠点性』古今書院，1996年
松原　宏編著『アジアの都市システム』九州大学出版会，1998年
森川　洋「わが国の地域的都市システム」人文地理42-2，1990年

3章　都市の内部構造

1．都市の内部構造モデル

2章でみた都市システムは，都市を点とみなし，都市間の結びつきを考察するものであった．これに対し，都市を面とみなし，都市の内部構造を把握する立場もある．都市の内部構造については，いくつかの代表的なモデルが提唱されている．最も有名なモデルとして知られているのが，バージェスが提唱した同心円地帯モデルである（図3-1，8章の図8-1も参照）．このモデルの発表は1925年であり，モデルの舞台となったのはアメリカ合衆国のシカゴであった．19世紀前半までのシカゴは人口もまばらな田舎町に過ぎなかったが，19世紀末から急速に工業化，人口増加がすすみ，1920年代には人口200万以上の規模となっていた．バージェスが観察した当時のシカゴは，めまぐるしい変化の真っ只中にあった（図3-2）．

同心円地帯モデルでは，都心（中心業務地区）のすぐ外側に卸売・軽工業を中心とする地区が形成される．この地区や労働者住宅地区は，都心と郊外の中間に位置するため，「インナーシティ」と呼ばれることもある．この地区に卸売・軽工業が集積するのは，現在ほど自動車が普及していなかった1920年代の状況を反映している．またこの地区にはスラムが形成される

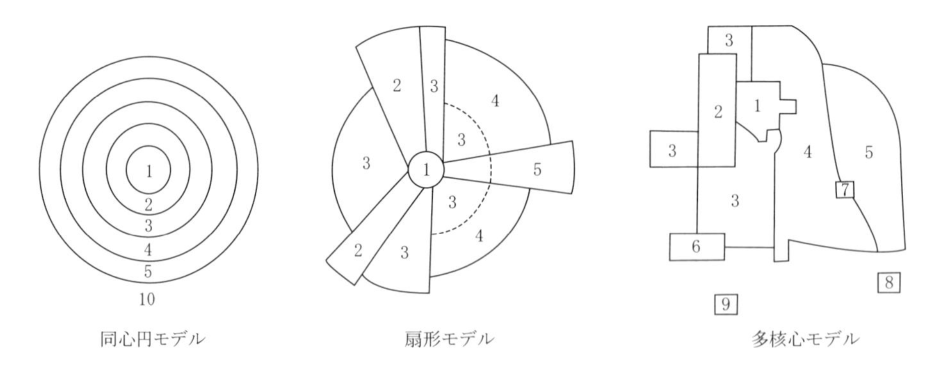

1．中心業務地区（CBD）
2．卸売・軽工業
3．低所得者住宅地区
4．中産階級住宅地区
5．高所得者住宅地区
6．重工業
7．周辺業務地区
8．郊外住宅地区
9．郊外工業地区
10．通勤者居住地帯

図3-1　都市の地域構造モデル

（富田和暁・藤井　正編『新版　図説大都市圏』古今書院，2010年）

こともある（8 章の図 8-1）．その外側には，卸売・軽工業で働く工場労働者の住宅地区が形成される．この地区での居住は，スラムから抜け出すことのできた工場労働者が中心となる．とはいえ，この地区の工場労働者は，都心で働く人々とは違い，低賃金で長時間労働が要求される人々である．それゆえ，通勤費や通勤時間を節約するためにも，職場に近いこの地区に住まざるを得なかった人々であるともいえる．さらに外側へ行くと，都心のオフィスに通勤する高所得者の住宅地区が形成される．通勤費負担とのトレードオフの関係により，高所得者ほど外縁部に居住するようになる．

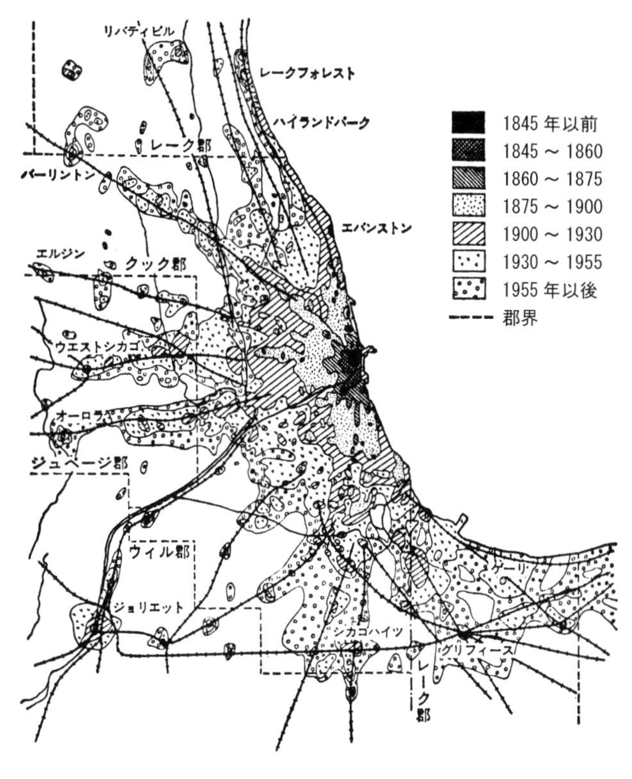

図 3-2　シカゴの市街地の拡大
（高野史男ほか編『世界の大都市　上』大明堂，1979 年）

扇形モデルは，ホイトによって提唱されたものである．ホイトは，アメリカ合衆国の主要都市の地価を調査し，特定の方向に沿ってセクター状（扇形）に同質的な土地利用が広がることを示した．セクター状になる理由として，丘陵や河川といった地形的要因や，特定方向にのびる幹線交通路の存在などが挙げられる（林，2012）．

多核心モデルは，ハリスとウルマンによって提唱されたモデルである．同心円地帯モデルや扇形モデルでは，核となる地区（中心業務地区）が中心に一つ示されているのみであるが，多核心モデルでは，周辺部にもさまざまな特性を持った核が示される．例えば，同じ工業であっても，鉄道を指向するものもあれば，港湾を指向するものもあるため，それぞれが別々の核（交通結節点）を形成することもあり得る．つまり，都市の現実を考えると，多様な核が存在するわけであり，必ずしも一つの核とは限らない．とはいえ，バージェスの同心円地帯モデルが間違っていたかというとそうではない．同心円地帯モデルが発表された 1920 年代は，自動車（トラック）がようやく普及しはじめた頃である．これに対し，ハリスとウルマンの多核心モデルは，1930 年代から 1940 年代にかけての，自動車（トラック）利用が本格化した時代に発表されたものである．鉄道交通中心であれば単核構造となりやすく，自動車（トラック）交通が普及すれば多核構造が形成されるようになる．両モデルの違いは，それぞれの時代におけるモータリゼーションの程度の差が生み出している部分もあると考えられる．

2．日本の大都市の都心構造

a．さまざまな都心構造

バージェスの同心円地帯モデルは，その単純化された図式ゆえに理解しやすく，さまざまな都市を説明するために適用される．しかし，日本の大都市に照らし合わせると，果たしてそのモデルが妥当と言えるかどうかという問題もある．歴史的蓄積のない町に急激な工業化，都市化がすすんだ事例であるシカゴ（図 3-2）と，工業化以前からの歴史的蓄積のある日本の大都市は，同列に論じることができないとも考えられる．特に，都心構造を考えた場合，アメリカ合衆国の都市にはない独自性がみられる．そこで，以下では，日本の大都市における都心構造の特徴をみる．

日本の大都市（ここでは便宜上人口 100 万以上の都市）を，近代的工業化以前の状況から区分すると，最も多いのは城下町としての発展がすでにあった都市である（東京，大阪，名古屋，福岡，広島，仙台）．横浜と神戸は居留地として，札幌は北海道開拓使の本府として，京都は日本の都として，それぞれ発展してきた．川崎市，さいたま市は，それぞれ宿場町としての発展はあったが，その規模は小さく，東京の外延的都市化，工業化が及んだことによる発展の側面が強い．

まず城下町であった都市の都心構造について検討する．城下町では，封建領主の城を中心に高級武士の居住地が置かれ，その外側に下級武士や町人町，寺社が計画的に配置された（図 3-3）．つまり，江戸時代までの都心構造は，支配階級である封建領主の拠点（城）を核とみなすことができる．近代に入ると，城下町とは無関係に新たな市街化がすすむが，多くの場合，城下町縁辺部に鉄道駅が建設され，その周辺が新たな都心として発展していく．最終的には，鉄道駅を中心とした地区が旧来の城下町地区を取り込むような形で都心を形成していった（図 3-4）．

横浜や神戸は，幕末から明治初期の居留地建設を契機に発展した都市である．江戸幕府は 1858 年に，アメリカ合衆国，イギリス，フランス，オランダ，ロシアと修好通商条約を結び，

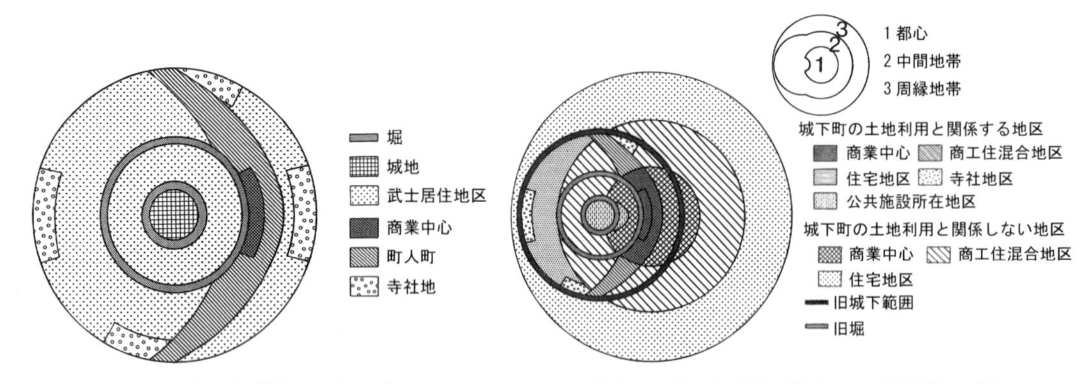

図 3-3　城下町構造の一般モデル
（横尾　実「日本の城下町起源都市の地域構造」北海道教育大学紀要［人文科学・社会科学編］59-2, 2009 年）

図 3-4　城下町起源の都市における現代の構造
（横尾　実「日本の城下町起源都市の地域構造」北海道教育大学紀要［人文科学・社会科学編］59-2，2009 年）

神奈川や兵庫などを開港することを約束した．ここでいう神奈川，兵庫は，厳密には横浜や神戸ではない．神奈川とは，東海道宿場町の神奈川宿のことであり，横浜居留地の4kmほど北に位置する（図3-5）．兵庫とは，神戸居留地の4kmほど西に位置する江戸時代からの港町である．開港を約束していた神奈川，兵庫ではなく，都市縁辺部の寒村に過ぎなかった横浜，神戸を開港し居留地を設置したのは，すでに日本人が住んでいる神奈川，兵庫となると，外国人との接触による摩擦が懸念されたためである．この居留地設置によってビジネスにおける居留地エリアの重要性は高まり，居留地制度が1899年に廃止され日本企業の居留地エリアへの進出が可能になって以降，都心機能は，神奈川から横浜居留地，兵庫から神戸居留地へと移動していった（図3-6）．

札幌は，北海道開拓使の本府として建設された都市である．北海道開拓使とは，明治初期に北海道開拓のために設置された行政機関である．1869年の本府開設にともない，札幌の町は一から計画的に整備された（図3-7）．中央に大通，その北側を業務地区，南側を商業地区とする碁盤目の街路パターンは，1882年の北海道開拓使廃止までには固まった（堤，2007）．大通とは，現在では大通公園として知られ，札幌のメインストリートの一つである．北側は，札幌駅方面へとオフィス街が形

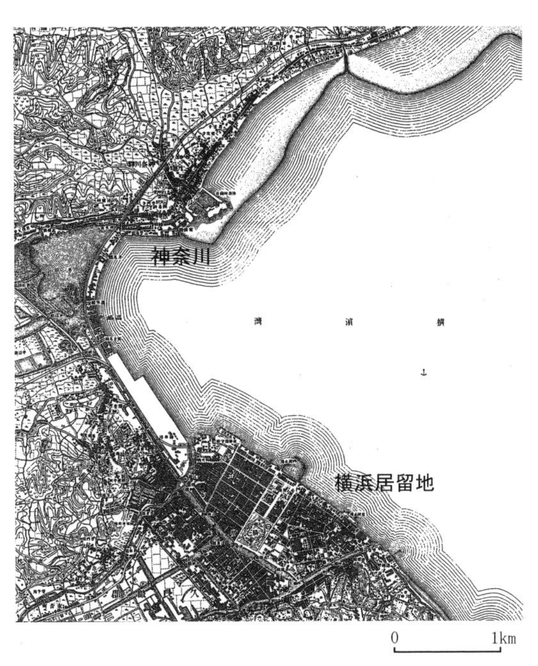

図3-5　明治期の横浜と神奈川
（迅速測図「横浜区」1882年測量）

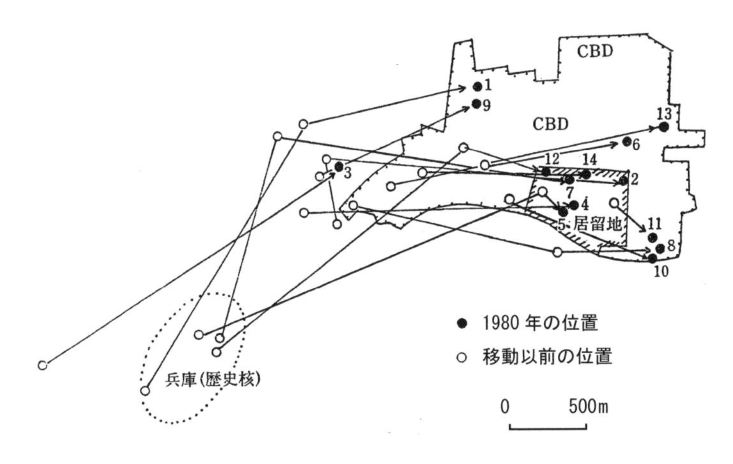

1. 兵庫県庁，2. 神戸市役所，3. 神戸地方裁判所，4. 日本銀行神戸支店，5. 六十五銀行－太陽神戸銀行，6. 横浜正金銀行神戸支店－東京銀行，7. 米会所－神戸取引所，8. 神戸商工会議所，9. 県警本部，10. 通商産業省神戸事務所，11. 神戸貿易協会，12. 大丸百貨店，13. 神戸新聞社，14. 朝日新聞社

図3-6　神戸市の公的機能・事務所等の推移
（藤岡ひろ子「外国人居留地の構造－横浜と神戸」歴史地理学157，1992年）

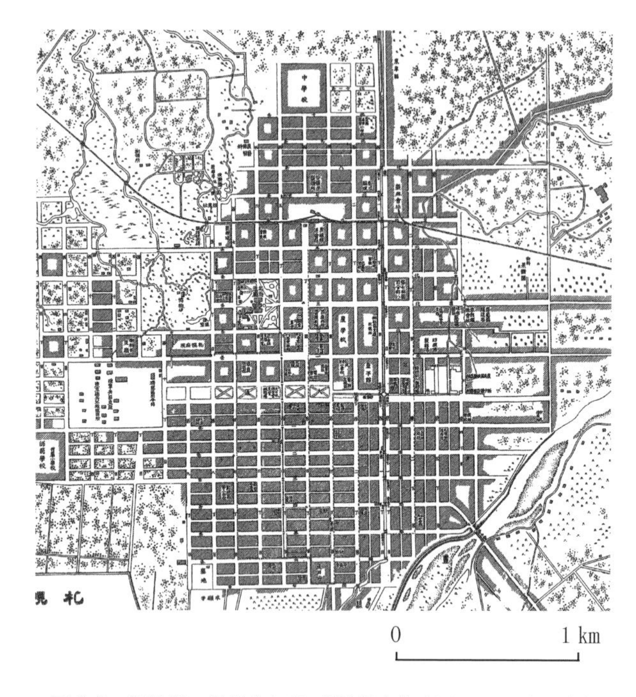

図 3-7　明治期の札幌中心部（「札幌市街土図」1901 年発行）

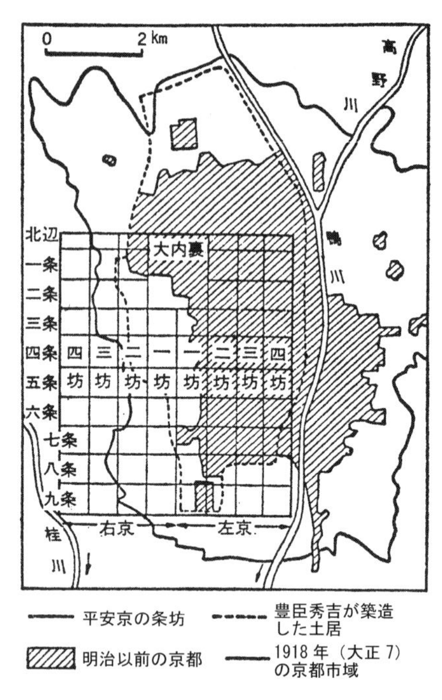

図 3-8　平安京と京都市街地の比較
（山鹿誠次『新訂　都市地理学』大明堂, 1981 年）

成され，北海道庁なども存在する．南側には，代表的な歓楽街であるすすきのが位置し，百貨店をはじめとする商業施設も集積している．このように，明治初期に形成された都心構造は，現在に至っても基本的には維持されている．

京都は，平安京を起源とする都市である．城下町起源の都市よりもはるかに長い歴史を持つため，794 年の遷都当時の構造がそのまま近代以降の都心構造に反映されてはいない．当初は，朱雀大路（千本通）を中心に右京，左京から成る碁盤目の構造であったが，右京（西側）は低湿地という地形条件ゆえにやがて廃れていった．江戸時代を通じて，左京（東側）が都心を形成していた（図 3-8）．明治に入ると，当時の市街地の南のはずれに京都駅が開設されることになり，京都駅を中心に新たな都心が形成されることになった．これは，城下町においてみられた都心の形成過程（図 3-4）と似ている．

b.　都心の機能分化

都心にはさまざまな機能が集積している．そうした機能は，都市の規模が大きくなるほど種類ごとに分化していくことが多い．つまり，同業種の集積である．卸売業（問屋）においてはこの傾向が明瞭にみられる．例えば，既製服の卸売を事例にとって考える．卸売業者の取引相手は小売業者であるが，小売業者の要求するすべての既製服を一つの卸売業者が取り扱うのは困難である．そのため，卸売業者どうしで分担し，各卸売業者が別々の既製服を取り扱うほうが効率的である．こうして，卸売業者は専門化していく．しかし，それらの卸売業者が空間的に分散していては，小売業者からすると取引が面倒である．そのため，既製服の卸売業者は，取引先である小売業者の利便性を考慮し，特定の地域に集積する．同業者との意思疎通を図りやすいことも集積の要因である．このようにして，卸売業の業種ごとの地域的分化はすすむ（山鹿，1981）．図3-9は，東京都心における卸売業の地域的分化の状況を示したものである．都心の中でも，特定の問屋街が形成されている様子がわかる．この図からは，卸売業だけでなく，中央官庁，会社ビル街，証券などの地域的分化の様子も把握できる．

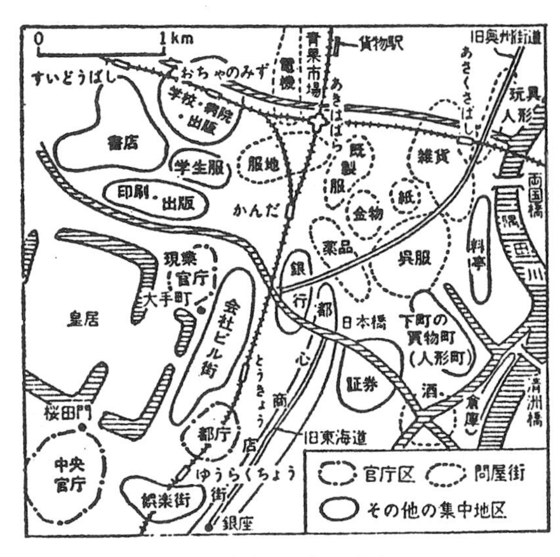

図3-9　東京中心部の地域分化
（山鹿誠次『新訂　都市地理学』大明堂，1981年）

3．インナーシティ問題

1節でみたように，大都市の都心周辺部のインナーシティにはスラムが形成されることもある．スラムとまではいかないにしても，その他の地区に比べると経済的，社会的に衰退した地区が形成されやすい．では，なぜこの地区が衰退するのか．その要因の一つとして，アメリカ合衆国ではインナーシティ（卸売・軽工業地区）で働く労働者の多くが非白人のエスニックマイノリティに属していることがある（図8-1）．バージェスが観察した当時のアメリカ合衆国は現在以上に白人優位の社会であり，非白人の中には劣悪な労働環境下で働かざるを得なかった人も多かった．卸売や軽工業は，必ずしも労働環境が整っていたわけではなく，失業状況におかれることも珍しくはなかった．こうしたことが，インナーシティが衰退する背景にあった．

人種問題以外にも要因はある．1960年代や1970年代の脱工業化により，アメリカ合衆国をはじめとする先進諸国では，大都市の都心周辺部で操業していた卸売・軽工業は廃業，もしくはより広いスペースを求めて郊外へと移転していった．これにともなう人口減少により，インナーシティでは商業の衰退，空き家の増加などが発生し，コミュニティの衰退がすすんだ．一方，インナーシティで失業した人々は，郊外に移転した卸売・軽工業で新たに職を得ることが難しい．遠く離れた郊外企業の就職情報を得るすべをもたず，インナーシティから郊外への通勤費を負担することもできないためである．こうした雇用と居住地の空間的ミスマッチも，インナーシティの衰退をもたらした一因である．

インナーシティの衰退は，人種問題の少ない日本においても少なからず生じてきた現象である．アメリカ合衆国と同じく，日本においても戦前期に大都市の都心周辺部に工業は集積した．一部の富裕層は郊外居住をすすめたが，都心周辺部で働く労働者は，劣悪な居住環境下の中で生活せざるを得なかった（9章）．1960年代以降になると，都心周辺部に立地していた工業がさらに外側（郊外，地方，外国）に移転していくようになり，失業問題も深刻化した．この地区は，大規模な都市再開発を行うには都心ほどの立地上の優位性はないし，郊外のような住宅

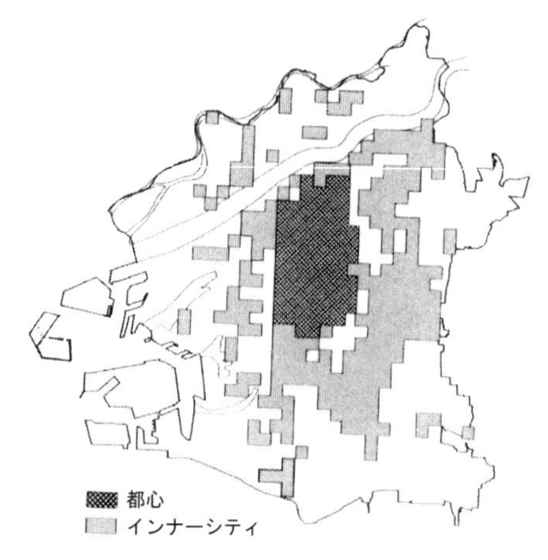

図 3-10　大阪市のインナーシティ
（大都市企画主管者会議編『大都市のインナーシティ』，1982 年）

図 3-11　メキシコシティのスラム（筆者撮影）

開発上の魅力もない．そのため，いずれの開発からも取り残されやすく，インナーシティ問題が発生することになった（図 3-10）．

なお，発展途上国の大都市においては，都心周辺部の衰退だけでなく，郊外におけるスラムも大きな問題となっている．この背景の一つに，過剰都市化がある．先進諸国であれば，大都市で生じた労働力需要に対応して，地方出身者が就職のために大都市へ居住地移動するのが一般的である．つまり，移動先の大都市では仕事をはじめるのが前提である．しかし，発展途上国では，職を得る見通しのないまま地方から大都市へ流入する人々が非常に多い．しかも，家族単位での移住がかなりの割合を占めるため，収容可能量を大幅に超える人口が大都市に集中することになる．こうした過剰都市化の結果，スラムが大都市に収まりきらず，郊外にも形成されるようになった（図 3-11）．

4．ジェントリフィケーション

衰退がすすんだインナーシティであるが，一部ではその再生がみられるようになってきた．その背景には，インナーシティのマイナスの側面がプラスに評価されるようになってきたことがある．一般に，大都市の地価は，都心を最高点として，都心から離れるにつれて低下していく．しかし，前節のような経緯でインナーシティが衰退すると，都心に近いにもかかわらずインナーシティの地価は低くなる．

こうしたインナーシティに対し，衰退地区という消極的評価ではなく，都心付近であるのに安価で魅力的な場所という積極的評価を与える人々があらわれた．例えば，以前であれば郊外の一戸建て住宅を指向していた専門・技術・管理職就業者の中に，インナーシティの伝統的様式の建築物を再評価する人々があらわれるようになった（藤塚，2017）．また，独創的なアイデアはあるが経済的基盤の弱い若手起業家にとっては，都心に近いわりに賃料の安いオフィスは魅力的である．このように，衰退したインナーシティに，中流，上流階級の人々が流入し，活性化がなされることをジェントリフィケーションと呼ぶ．ジェントリフィケーションは，イギリスやアメリカ合衆国など，主要先進国において発生している．多くの都市において，低所得者が生活するインナーシティに中流・上流階級の人々が流入し，老朽化した住宅が更新され，地区の高級化がすすむ事例が確認されている．

ロンドンのドックランズは，ロンドンの都心に隣接するインナーシティである．元々は大英帝国時代の貿易拠点，港湾地区として発展したエリアであるが，1960年代に入ってから衰退が著しくなった．ロンドンの脱工業化，船舶の大型化などにより，港湾としての機能を果たせなくなっていたことが背景にある．1970年代に入ると，老朽化したドックが閉鎖され，港湾労働者の失業問題も深刻化した．

図3-12　ロンドン・ドックランズの超高層ビル群
（筆者撮影）

そうした中，1980年代になると，保守党のサッチャー政権はドックランズの再開発に乗り出した．再開発にあたっては，1981年に設立されたロンドンドックランズ開発公社（LDDC）が開発の中心的役割を果たした．土地収用に強大な権限をもつLDDCによって，広大な土地の一体的な開発が可能になった．カナリーウォーフ（Canary Wharf）を中心とするエリアはエンタープライズゾーンに指定され，税制の優遇措置や建築規制の緩和が適用された．このように，規制緩和によって民間主導の再開発を促すとともに，新たな交通システムの導入や，地下鉄をドックランズに延伸するなどしてアクセスの改善にも取り組んだ．この結果，かつての老朽化したインナーシティは，ロンドン最大の超高層ビル街へと変貌した（図3-12）．高級住宅も建設され，ジェントリフィケーションがみられるようになった．図3-13によると，ドックランズエリア（Canary WharfやMillwall）では，2000年代以降も専門・技術・管理職就業者の増加がみられる．

こうしたジェントリフィケーションには課題も存在する．インナーシティの高級化がすすんだ結果，地価が高騰し，もともとそこに住んでいた低所得者たちが居住できるような地区ではなくなり，立ち退きを余儀なくされる．また，再開発によって新たなオフィスが誕生しても，そこで新たに創出される雇用と当該地域住民の求める雇用とのミスマッチも発生する．実際，ドックランズにおいては，再開発により生まれた雇用は情報技術や金融サービスなどであり，港湾や製造関係の仕事を失った人々がそのような仕事に就くことはできなかった．結果的に，雇用と失業がともに増加するという状況に見舞われた（成田，1995）．

日本においても，ジェントリフィケーションが発生している．1990年代後半以降，それまでの人口の郊外化から都心回帰（都心の人口回復）へと，人口移動のトレンドが変化した．都心周辺でも大量のマンション建設がなされたが，建設前は工場や倉庫が立地するエリアであったところも多い．藤塚（2017）によると，東京都中央区では，造船所や倉庫のあった佃や月島，繊維問屋街が形成されていた東日本橋，印刷工場や倉庫のあった入船や湊などのエリアに共同住宅が建設された．これにともない，これらの地区では専門・技術・管理職就業者が増加し，住民構成が大きく変化した．一方，こうして誕生した共同住宅の建設により，地域景観の連続性が失われることへの懸念や，既存の地域住民からの反対意見なども表明されるなど，建築紛

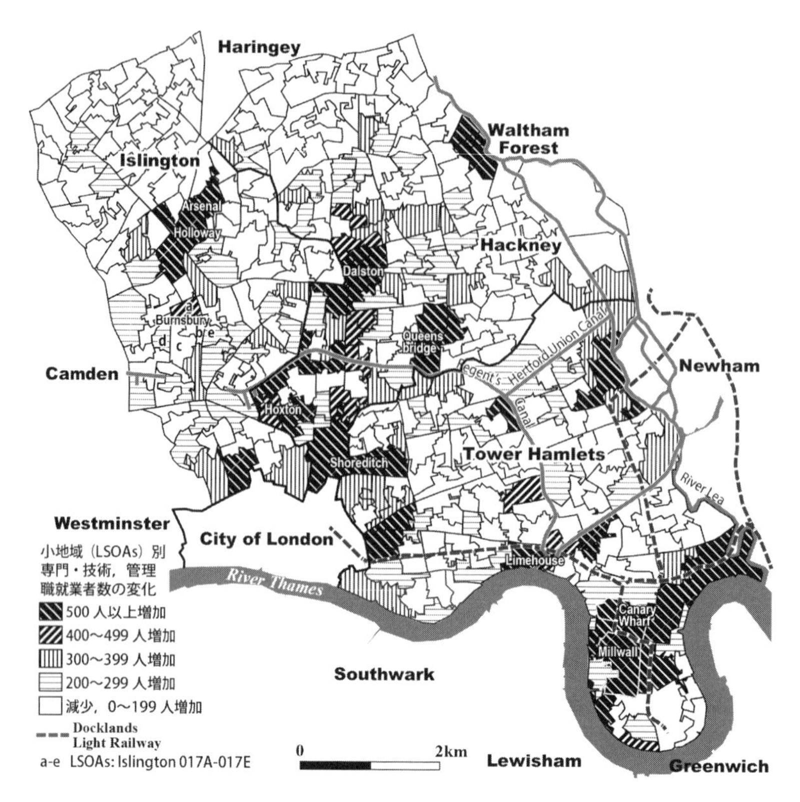

図 3-13　ロンドン北東部における専門・技術，管理職就業者数の変化（2001 ～ 2011 年）
（藤塚吉浩『ジェントリフィケーション』古今書院，2017 年）

争が起こっている事例もある．新旧住民の混在により，祭りなどの地域文化の維持，継承が困難になることもある．

［参考文献］

大都市企画主管者会議編『大都市のインナーシティ』，1982 年
高野史男ほか編『世界の大都市　上』大明堂，1979 年
堤　純「オフィスの供給パターンからみた北都・札幌の成長」（阿部和俊編『都市の景観地理　日本編 1』古今書院，2007 年）
富田和暁・藤井　正編『新版　図説大都市圏』古今書院，2010 年
成田孝三『転換期の都市と都市圏』地人書房，1995 年
林　上『現代都市地理学』原書房，2012 年
藤岡ひろ子「外国人居留地の構造－横浜と神戸」歴史地理学 157，1992 年
藤塚吉浩『ジェントリフィケーション』古今書院，2017 年
山鹿誠次『新訂　都市地理学』大明堂，1981 年
横尾　実「日本の城下町起源都市の地域構造」北海道教育大学紀要［人文科学・社会科学編］59-2，2009 年

4章　都市の商業・サービス業

1. 卸売業の立地特性

商業は，大きく卸売業と小売業に分類される．生産者が製造した商品を卸売業者が調達し，卸売業者が小売業者に卸し，小売業者が消費者に販売する．これが一般的なモノの流れ（流通）である．小売業と卸売業では立地特性が異なっている．一般に卸売業の事務所や店舗は，大都市に立地する傾向が強い．なぜなら，広範囲に分布する生産者や小売業者が取引先であるため，取引にともなう移動の拠点として優れている大都市に立地するほうが都合がよいからである．また，同業者との意思疎通や取引も重要であり（3章），同業者集積の場としても大都市が望ましい．さらに，生産者と小売業者をつなぐ性格上，両者に関連する市場情報などへのアクセスが重要になることからも，情報の集まりやすい大都市が立地場所として適している．

一方，大都市における地価の高騰，交通渋滞の発生などにより，同じ卸売業でも，物流に直接かかわる部門は郊外などへ移転している．例えば，大阪における繊維問屋の中心は，戦前からの歴史をもつ大阪市中央区の船場であったが，1960年代に上述のような諸問題が発生し，一部の繊維問屋は，郊外である箕面市に整備された大阪船場繊維卸商団地に移転していった（図4-1）．しかし，1990年代以降のグローバル化の影響を受け，日本の繊維産業が不振に陥っており，箕面市の卸商団地も空洞化が進行している．

小売業は，消費者への近接が重要であるため，人口（消費者）の分布に対応する傾向が強い．もちろん，詳細にみれば，後述するように，小売業態によって分布の仕方には差異がみられる．

図4-1　箕面市の大阪船場繊維卸商団地
（筆者撮影）

2. 小売業の業態別立地特性

a. 商品の特性

商品（消費財）には，大きく分けて最寄品，買回品，専門品がある．最寄品は，購買頻度が高く，比較的安価なものである．買回品は，購買頻度が低く，比較的高価なものであり，いざ購入する際には複数の店を回って品定めをすることが多い．専門品は，特定の

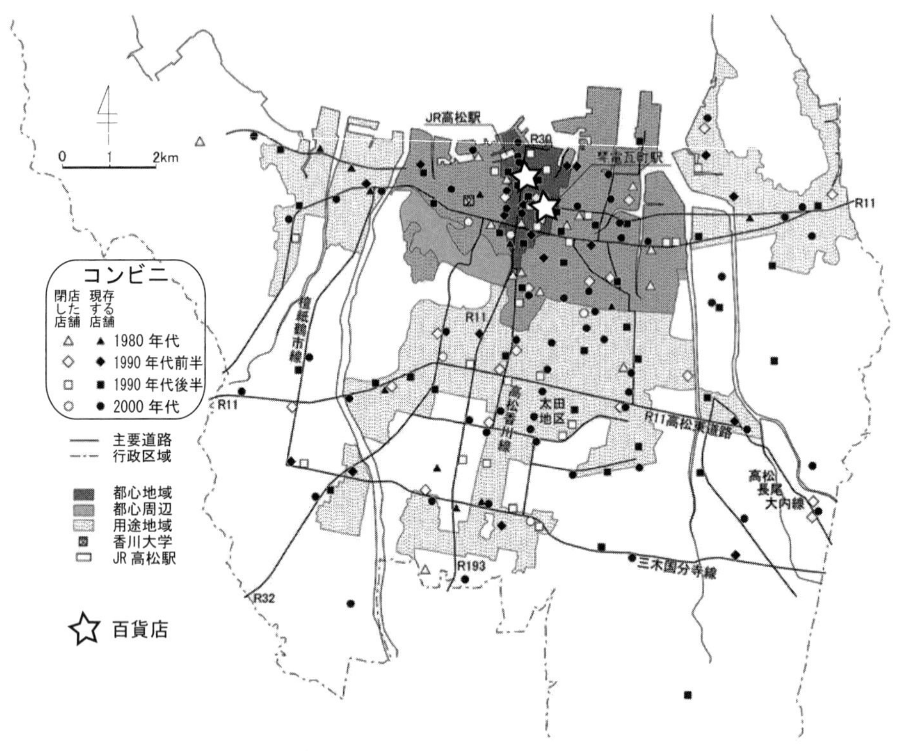

図 4-2　高松市における百貨店とコンビニの分布

（荒木俊之「2000 年代前半におけるコンビニエンスストアの立地－岡山市・高松市を事例に」立命館地理学 22，2010 年，をもとに作成）

ブランド品など個性的な商品が該当し，買回品と同様に高価であり，慎重な品定めが行われる．安価な商品を購入するのに交通費をかけることは合理的ではないので，最寄品は自宅付近で購入される．買回品や専門品のような高価なものを購入する場合は，購入金額に対する交通費の割合は小さくなるため，ある程度の交通費を負担するのに抵抗が少なくなる．このため，自宅から離れた店舗でも買い物がなされる（9 章）．これらを総合すると，最寄品を扱う店舗は商圏が狭く，商圏人口が小さく，人口分布に対応して立地するのに対し，買回品や専門品を扱う店舗は，商圏が広く，商圏人口が多く，広域から人が集まりやすい都心に立地する傾向が強くなる．

典型的には，最寄品を扱う代表例であるコンビニは人口分布に対応し，郊外地域や地方都市にも多く立地する．一方，主に買回品，専門品を扱う百貨店は都心に立地し，立地店数は少なくなる（図 4-2）．

b.　百貨店

先に述べた商品の特性を反映して，買回品や専門品を中心に扱う百貨店は，都心，特に大都市の都心に立地する傾向がある．大都市都心の百貨店は，大都市住民のみならず郊外の住民もが利用することで成り立っている．しかし，戦後の高度経済成長期から 1980 年代のバブル経済期に至る時期には，大都市圏郊外や地方中規模都市にも百貨店が立地するようになった．

表 4-1　東海地方の百貨店の立地変化

県名	都市名	人口 （万人）	店舗名			百貨店数 （1991 年→ 2007 年）
岐阜県	岐阜	40.3	高島屋	［近鉄］	［新岐阜］	3 → 1
	大垣	15.0	ヤナゲン	［タマコシ］		2 → 1
愛知県	名古屋	217.2	松坂屋（栄） 三越（星ヶ丘） パレマルシエ	松坂屋（名古屋駅前） 名鉄 ☆ JR 名古屋タカシマヤ	三越(栄) 近鉄	7 → 8
	豊橋	36.5	豊橋丸栄	［西武］		2 → 1
	豊田	35.1	［そごう］	☆松坂屋		1 → 1
	岡崎	33.7	松坂屋	☆西武		1 → 2
	春日井	28.8	THE MALL 春日井			1 → 1
	一宮	27.4	名鉄	［タマコシ］		2 → 1
	北名古屋	7.7	パレマルシェ			1 → 1
三重県	四日市	29.1	近鉄	［松坂屋］		2 → 1
	津	16.3	津松菱			1 → 1
	松阪	12.4	［三文］			1 → 0
	伊勢	10	［三交］			1 → 0
	名張	8.3	近鉄			1 → 1

（林　上編著『現代都市地域の構造再編』原書房，2007 年，をもとに作成）
［店名］：1990 年代以降に閉店した店舗．☆：1990 年代以降に開店した店舗．
・人口は 2000 年国勢調査による．北名古屋市は師勝町と西春町の合計．
・松坂屋豊田店は豊田そごうの後継テナントとして出店した．

この要因として，第一に人口の増加が挙げられる．地方中規模都市は，高度経済成長期から 1980 年代のバブル経済期において人口増加が顕著であった．高度経済成長期というと，地方圏から大都市圏への人口移動が顕著であった時代であるため，地方中規模都市の人口増加は意外に思える．しかし，地方中規模都市は，大都市圏への人口流出はみられたものの，周辺市町村からは大幅な人口流入があった（森川，2016）．これが地方中規模都市の人口増加に結びつくことになった．一方，大都市圏郊外は，大都市からの人口受け入れ地域，すなわちベッドタウンとなったことで大幅に人口増加がすすんだ．こうした人口増加により，郊外都市や地方中規模都市の中には，百貨店が立地しうるだけの商圏人口に到達する都市もあらわれた．

第二の要因として，所得の増加が挙げられる．最寄品は，所得の多少に関係なく購入されるが，百貨店が扱う買回品や専門品の場合は，一定以上の所得がなければ購入することは困難である．しかし，高度経済成長期，バブル経済期を通じて人々の所得は上昇し，百貨店の利用可能性は高まった．

こうして，地方中規模都市や郊外においても百貨店が立地する条件が整い，実際に立地していった．しかし，これらの地域には，百貨店が立地するための最低限の条件が整ったにすぎず，大都市の都心と同レベルの百貨店が立地することは少ない．大都市圏スケールで百貨店の特性を検討した岩間（2001）によると，郊外に立地する百貨店は，都心の百貨店に比べて最寄品を扱う割合が高く，ショッピングセンターに近い特性をもつという．

これらの店舗の中には，1990 年代に入ってから閉店されるものも出てきた．バブル経済の崩壊や，少子高齢化にともなう人口停滞により，百貨店が立地するための条件が失われていったのである．名古屋大都市圏における百貨店の立地変化を示した表 4-1 をみると，1990 年代以降に閉店した百貨店は大都市圏郊外に立地していた店舗であることが明瞭である．

表 4-1 からは，大都市である名古屋の百貨店数は増加していることがわかる．百貨店では，営業不振の地方や大都市圏郊外の店舗を閉鎖するのと同時に，富裕層による一定の需要が見込まれる大都市の都心をいっそう重視するようになっており，これまで進出していなかった他大都市の都心に新たに出店する事例も増加してきた．この場合の都心とは，鉄道の巨大ターミナルであることが多く，JR との共同出資によって運営する事例もみられる．一方，既存の都心百貨店においても，その魅力をさらに高めるべく増床，改装が行われており，百貨店の都心重視が鮮明になっている．

c．総合スーパー

最寄品を中心に扱う総合スーパーは，百貨店に比べると人口分布に対応して立地しやすい．立地のための商圏人口も少なくて済むため，地方都市や大都市圏郊外に積極的に出店していった．総合スーパーが誕生したばかりの 1960 年代は，モータリゼーションがそれほど進展していなかったため，出店先は中心市街地や鉄道駅周辺など都市中心部であった．この出店行動は，出店先の既存小売業者（商店街）との軋轢を生み，1974 年には大型店の出店を規制する法律である大規模小売店舗法（大店法）が施行され，総合スーパーの出店は規制されることになった．この出店規制は次第に強化され，1980 年代には大型店としての出店は非常に困難になった．一方で，大店法によって競合店の新規出店が抑制されていたことを考えると，すでに立地していた総合スーパーにとっては，立地地域の商圏を独占することができていたともいえる．いずれにせよ，大店法の規制強化の時代は，変化の激しい小売業界において，総合スーパーの立地は比較的安定していた時期ということもできる．

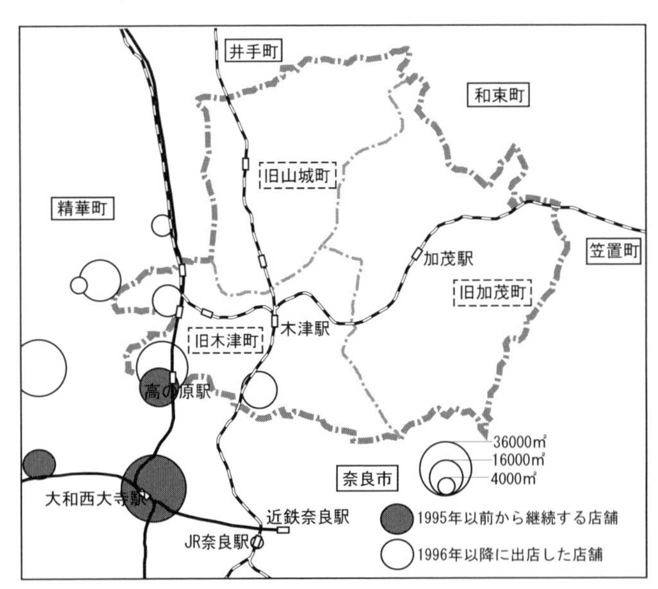

図 4-3　京都府木津川市とその周辺の大型小売店の立地（2017 年）
店舗面積が 3,000 m^2 以上で，食料品・衣料品を取り扱う店舗のみ表示
（『全国大型小売店舗総覧　2018 年版』および現地確認をもとに作成）

1990 年代に入り，大店法の規制が緩和されるようになると，総合スーパーの出店も再び増加していくが，すでにこの時期の出店場所は，都市中心部ではなく郊外であった（図 4-3）．2000 年には，大店法が廃止され新たに大店立地法が施行されたが，この法律は出店規制に主眼を置くものではなかったため，大規模駐車場付の超大型店の出店が加速化した．この超大型店は，モール型のショッピングセンター形式をとるものが中心であっ

た．こうした状況を鑑み，2007年には都市計画法が改正され，床面積10,000 m^2 以上の大型店の出店は，原則として商業地域，近隣商業地域，準工業地域の3つの用途地域（11章参照）のみに制限されるようになった．つまり，総合スーパーの出店行動は，再び大きく制限されるようになったといえる．これを受けて総合スーパーチェーンは，これまでのような大型店だけではなく，小型食品スーパーの形で都市周辺部の住宅地や都心に出店するようにもなってきた．これには，車を持たない高齢者や，都心で増加するシングル女性の買い物ニーズを取り込むというチェーン側の戦略も関係している．このように，総合スーパーの出店には，法的規制が大きく関わっていたことがわかる．

d. カテゴリーキラー

1990年代における大店法の規制緩和以降，少なくとも2007年の都市計画法改正までは，総合スーパーチェーンによる大型店の出店はすすみ，売り場面積は大幅に増加した．しかし，一方の販売額は伸びておらず，総合スーパーの販売効率は悪化してきた．このような総合スーパーの停滞の一因となっているのが，カテゴリーキラーの成長である．これは，総合スーパーが扱う衣料品，家電，食料品などのカテゴリーのうちどれか一つに特化し，豊富な品揃えと低価格を追求する業態のことをさす．総合スーパーの各カテゴリーから顧客を奪っていくことから，このように呼ばれる．以下では，家電小売業を事例に，カテゴリーキラーの展開をみる．

従来の家電小売業においては，家電メーカーによって系列店が組織化されており，そこを通じて消費者は家電を購入していた．しかし，1990年代に入ると，家電量販店の成長により，家電メーカーの系列店は衰退していった．成長著しい家電量販店は，ヨドバシカメラのように大都市の鉄道ターミナルに出店してきたものと，ヤマダ電機のように郊外型の店舗を展開してきたものに分けることができる．

1990年代以前の大都市における家電小売店は，東京・秋葉原，大阪・日本橋，名古屋・大須などのいわゆる電気街が中心で，ヨドバシカメラをはじめとする鉄道ターミナル型の量販店はいくつか立地する程度であった．以前のヨドバシカメラは，カメラの取り扱いを中心とする店舗であったが，その後家電部門を強化し，近年では自転車，玩具，携帯電話等の販売も手がけるなど総合化してきた．それとともに多くの鉄道ターミナルへの出店を加速化してきた（図4-4）．一方，中小家電小売店の集積である電気街は，家電量販店の大型化や多店舗展開に押されて衰退しつつあり，近年はアニメ関係の商品を扱う街

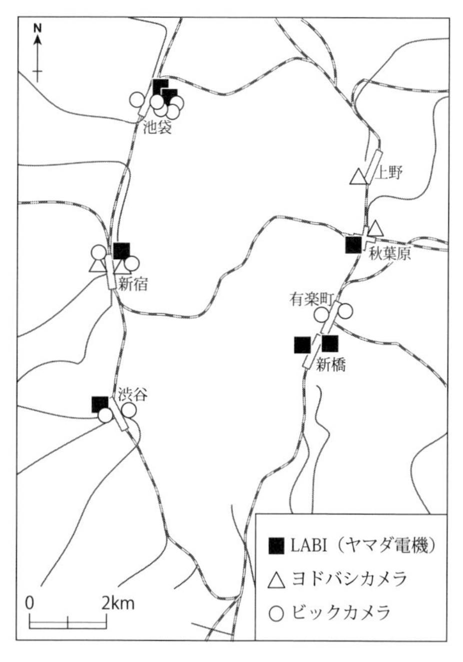

図4-4 東京中心部における家電量販店の競合（2010年）（土屋 純・兼子 純編『小商圏時代の流通システム』古今書院，2013年）

へと変化している（図 4-5）.

郊外型の家電量販店は，1980 年代までは，全国展開できるほどの経営基盤が確立されておらず，しかも大店法の規制が強かった時代であったため，ローカルな店舗展開にとどまっていた．しかし，1990 年代における大店法の規制緩和以降，店舗の大型化が可能になったことで，取り扱い商品数も増加し，店舗の魅力も高まっていった．こうして，全国的な多店舗展開がすすめられていった（兼子，2004）．ヤマダ電機を例にとると（図 4-6），1980 年代までは，創業地である北関東に展開するのみであったが，1990 年代以降に全国展開をはじめたことがわかる．さらにヤマダ電機は，従来の郊外型の店舗だけでなく，大都市の鉄道ターミナルへの出店もすすめるようになっており，ヨドバシカメラ，ビックカメラなどの先行店舗との競合も発生している（図 4-4）.

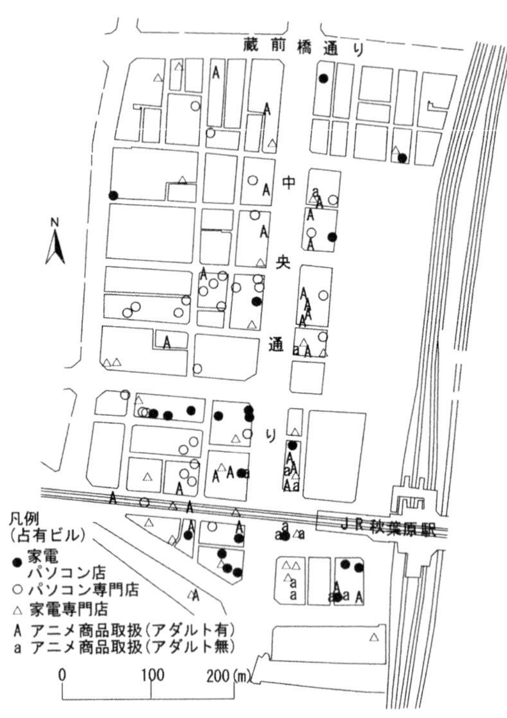

図 4-5　秋葉原における店舗の分布（2006 年）
（牛垣雄矢「東京都千代田区秋葉原地区における商業集積地の形成と変容」地理学評論 85-4，2012 年）

e．コンビニ

大店法施行とその後の規制強化によって出店が大きく制限されていた総合スーパーとは対照的に，同時期に急速な発展を遂げたのがコンビニである．総合スーパーは，新規出店が困難な中，新たな成長戦略として，大店法の規制にかからない小型店であるコンビニの開発，出店に乗り出した．コンビニ業界大手 3 社であるセブン - イレブン，ローソン，ファミリーマートは，設立当初の親会社はいずれも総合スーパーであった．1 号店が出店されたのは 1970 年代半ばであり，大店法の施行時期と重なる．1980 年代に入ってからは，大店法の規制強化に対応するかのように出店速度を上げていった．まさに，大店法がコンビニの成長を促したといえる．

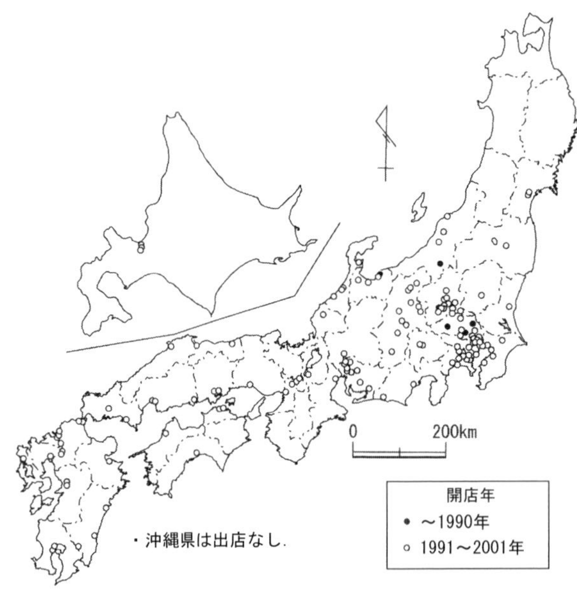

図 4-6　ヤマダ電機の店舗分布（2001 年）
（荒井良雄・箸本健二編『日本の流通と都市空間』古今書院，2004 年）

コンビニは，当初はそれぞれが拠点とする大都市圏を中心に展開していたが，次第に大都市圏内の競争が激化したため，新たな利益を求めて大都市圏外へと展開するようになる．しかし，大都市圏と違って消費需要の低い地方に進出する場合には，できるだけコストをかけない効率的な出店が必要とされた．そこで，各コンビニは，配送コストを抑制しつつ出店する戦略をとるようになった（土屋，2000）．

セブン-イレブンとローソンを例にとると，まずセブン-イレブンは，新規出店にあたって既存の配送センターを効率的に活用する方法をとった．つまり，既存の店舗網の近くで出店をすすめ，ある程度の店舗網が形成された段階で配送センターを新規立地させるのである．そうすれば，その配送センターには，新規設立直後から，配送先である店舗が存在することになり，無駄な配送センターの稼働を防ぐことができる．図4-7は，セブン-イレブンの店舗展開を示したものであるが，東京大都市圏から徐々に周辺地域へと店舗網を拡大させていった様子がわかる．ちなみに，セブン-イレブンの愛知県1号店は，最大都市の名古屋市ではなく，県東部の豊橋市であった．静岡県内にある既存の配送センターを利用しつつ店舗展開するためには，名古屋市ではなく，近接する豊橋市である必要があったからである．

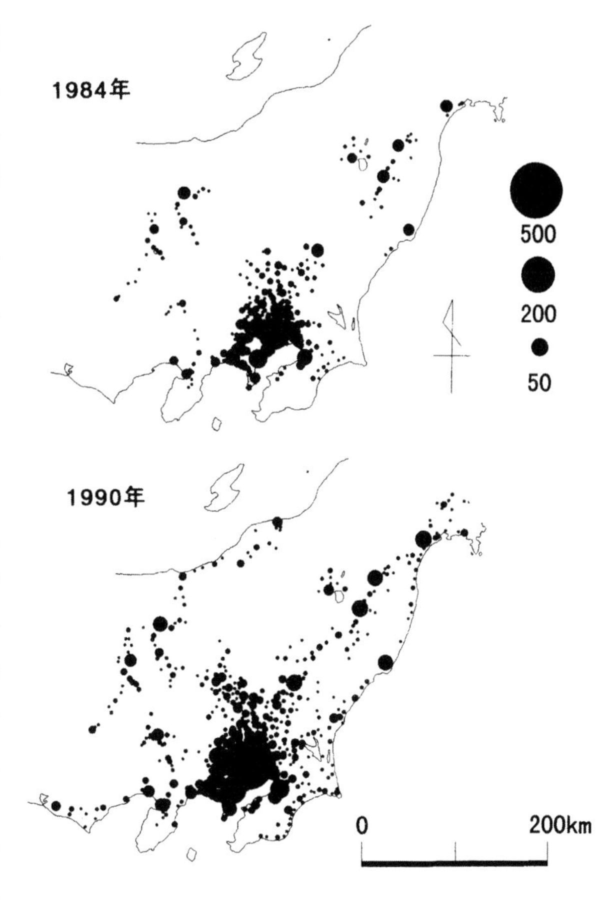

図4-7　セブンイレブンの店舗展開
（土屋　純「コンビニエンス・チェーンの発展と全国的普及過程に関する一考察」経済地理学年報46-1，2000年）

ローソンは，セブン-イレブンとは違い，新規出店地域に配送センターを新設し，短期間に大量の店舗を展開する手法をとった．手法こそ違うが，これも配送センターの効率的な活用が念頭にある．特定地域での急速な店舗展開を行うローソンの手法は，地方の中でも消費需要の多い地域でなければ成立しない．そのため，ローソンの出店地域は，人口の大きい都市に限定されていた（図4-8）．セブン-イレブン（図4-7）と見比べてみると，分布の違いは明瞭である．

都市内部におけるコンビニの出店パターンをみると，コンビニが登場した当初は，大都市周辺の住宅地を中心に展開された．1990年代に入ると，都心方面への出店を加速させるなど，新たな動きをみせるようになったが，郊外方面への出店も同様にすすんでおり，多様な出店パターンが近年のコンビニの特徴といえる（図4-2）．この背景には，飽和状態に至ったコンビニが，

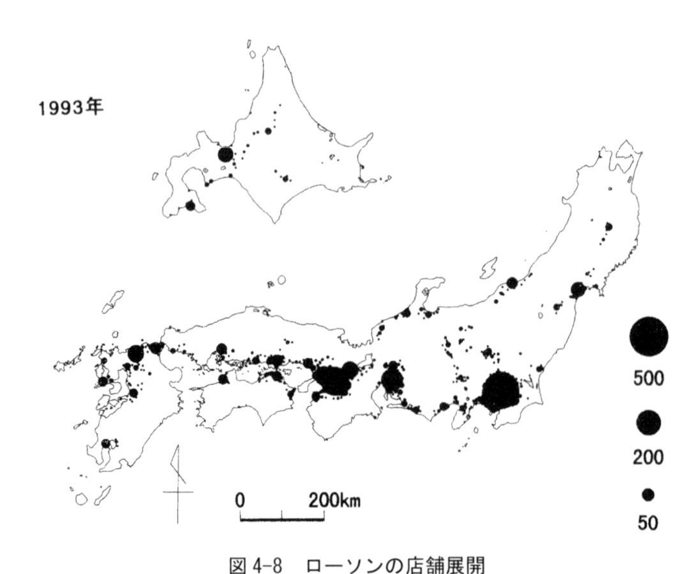

図 4-8　ローソンの店舗展開
（土屋　純「コンビニエンス・チェーンの発展と全国的普及過程に関する一考察」
経済地理学年報 46-1，2000 年）

新たな顧客を獲得すべく，多様なニーズに対応しているためであると考えられる．

3．都市における小売業の立地

a．商業地域の類型

実際の都市においては，前節でみたような各種業態が混在して商業地域を形成している．以下では，都市の商業地域の特性を検討する．商業地域は，その規模，集積形態，業種構成などによって分類することができる．アメリカ合衆国の地理学者ベリーが提示した商業地域類型の模式図（図 4-9）は，1960 年代のアメリカ合衆国の都市における商業地域構造を明瞭に示すものである（ベリー，1972）．センターとは，各地域の核となる商業地域であり，大都市の CBD のように大都市全域を商圏とするものから，地域住民の最寄品需要に対応する小規模な中心地までが階層的に立地する．リボンは，主要道路沿いに形成される商業地域であり，伝統的な買い物街，都市幹線，新しい郊外リボン，ハイウェー指向のものに分けられる．いずれのリボンも，自動車での利用が一般的である．専門化地域とは，同種もしくは関連する業種の店舗が集積する商業地域である（奥野・高橋・根田，1999）．これらの類型を都市内部の地域構造に当てはめたのが図 4-10 である．この図では，リボンと専門地域（専門的地域）は区別されておらず，専門的地域（例えば自動車街）は主要道路に沿ったリボンの一部を形成するとみなされている．

根田（1997）は，ベリーの類型をもとに，日本の都市（釧路市）における商業地域構造を示している（図 4-11）．近代的核心商業地とは，大型店が立地する中心商業地の核心部分である．それを取り囲む伝統的核心商業地には，大型店ではなく生業的経営（主として家族経営）の小売機能が卓越する．リボンは近代的リボンと伝統的リボンに分けられるが，近代的リボンには比較的新しいロードサイド型の店舗が立地するのに対し，伝統的リボンは衰退傾向が著しい．なお，根田（1997）が分析したのは，大店法規制強化の時代である 1980 年代の釧路市であるが，

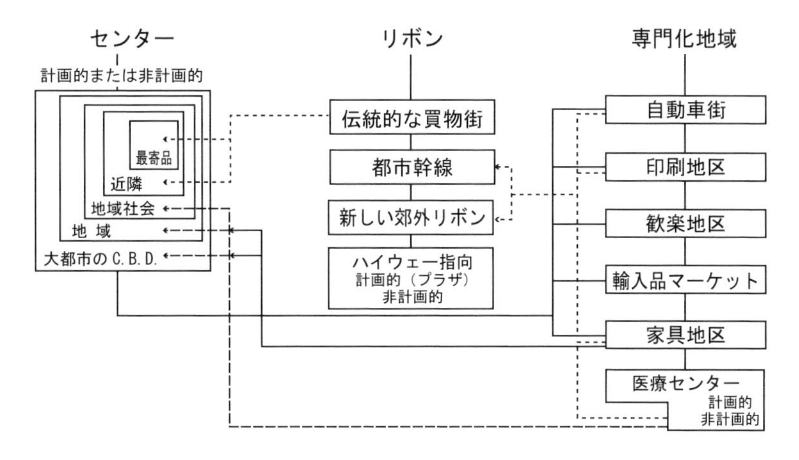

図 4-9　ベリーによる商業地域の類型
（奥野隆史・高橋重雄・根田克彦『商業地理学入門』東洋書林，1999 年）

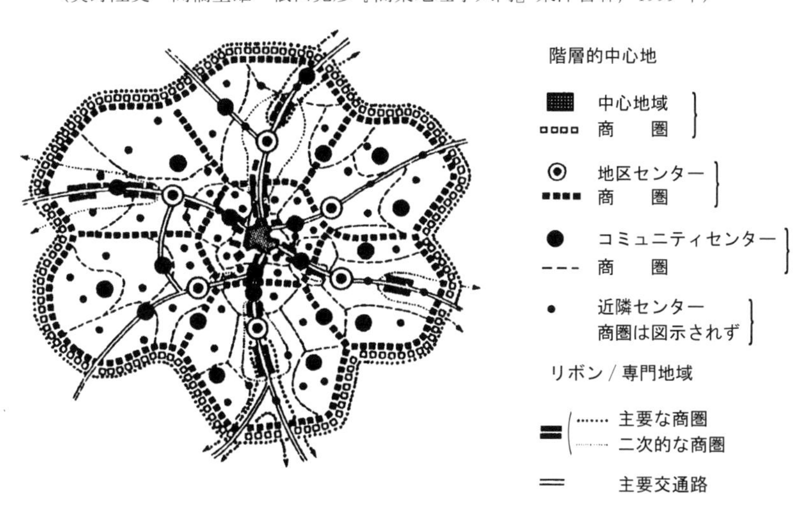

図 4-10　都市内部小売業の地域構造モデル
（林　上『現代都市地理学』原書房，2012 年）

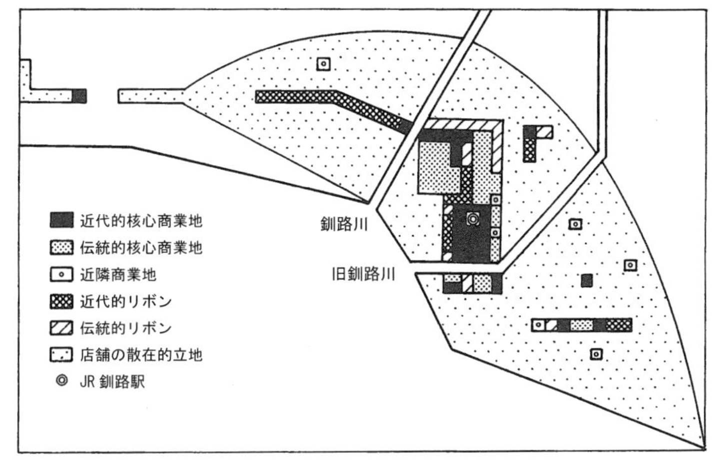

図 4-11　釧路市における小売業の空間構造（昼間）
（根田克彦『都市小売業の空間分析』大明堂，1999 年）

規制緩和後，釧路市郊外には超大型店である「イオンモール釧路昭和」が立地した．このような状況をふまえると，現在では，根田（1997）の示した商業地域構造にさらに大きな変化が加えられているものと思われる．

b. 核心商業地とリボン

根田（1997）が提示した模式図のうちの核心商業地は，大都市であれば中心的な地位を維持しているところが多いが，都市の規模が小さくなるほど衰退が著しい．この要因として，モータリゼーションにともなう郊外型ショッピングセンターやロードサイド型店舗の立地が挙げられる．車が普及する以前であれば，都市中心部に居住する人も多く，周辺部に居住している人であっても，公共交通によって都市中心部と密接に結びついていた．そのため，都市中心部の核心商業地には数多くの人々が訪れていた．

しかし，車が普及するにつれて郊外居住もすすみ，その郊外住民を対象とする駐車場付き店舗が郊外に立地するようになる．こうして，郊外住民は車を利用して郊外の店舗を使用するようになり，都市中心部の商業地を利用することは少なくなっていった．その結果，都市中心部からは大型店が撤退し，商店街がシャッター通りへと変貌していった．

リボン型商業地の代表例は，郊外におけるロードサイド型商業集積である．これは，企業共済協会編（1993）によれば，①小売・飲食・サービス業を営む店舗であること，②主要幹線道路（国道およびそのバイパス）沿いに立地していること，③比較的大きな駐車場を有していること，④カーショッピングに適していること，⑤単品種のなかで比較的豊富な品揃えを行っていること，⑥比較的長時間にわたって営業を行っていること，の6条件を満たすものとされている．ロードサイド型商業集積は，高度経済成長にともなう消費市場の拡大，人口の郊外化，モータリゼーションの進展を受けて1970年代に成立し，1980年代以降急成長していった．

しかし，2000年代に入ると，郊外人口の停滞や消費市場の飽和がすすみ，郊外のロードサイド型商業集積も停滞を余儀なくされている．近藤（2017）によれば，都市周辺部の交通量の多いロードサイド型商業集積であっても，2000年代以降は店舗の減少がみられる．また，ロードサイド型商業集積では，通過する自動車を対象とした屋外広告の多さも特徴の一つであるが，これも大幅な減少傾向にある．

4．サービス業

以上のような小売業が，原則としてモノを提供する業種であるのに対し，サービス業は，モノではなくサービスを提供する業種である．モノの製造，販売を行う産業（工業，商業）からサービス業へと成長中心がシフトしているのは，すでに知られた事実である．サービス業は，公共サービス業のほか，サービスの提供先によって個人サービス業と事業所サービス業に分けられる．さらに個人サービス業は，日常生活にかかわる「生活関連」と，レジャーにかかわる「余暇関連」に分けられ，事業所サービス業は，経済的中枢管理機能の一部を構成するもの（オフィスサービス業）とそうでないものに分けることができる（加藤，2011）．

表 4-2　東北地域における仙台市のシェア（%）

	1981年		1991年	
	事業所	従業者	事業所	従業者
非農林水産業	8.1	10.6	9.4	12.2
サービス業	7.9	10.6	9.5	13.2
事業所サービス業	10.4	11.5	13.6	18.1
オフィスサービス業	15.9	18.8	18.8	24.9
人口	8.3		9.4	
製造業	5.3	4.7	4.8	4.1

（加藤幸治『サービス経済化時代の地域構造』日本経済評論社, 2011年, をもとに作成）
注：1981，1991年の人口はそれぞれ1980，90年の国勢調査人口.

表 4-3　各種サービス業における存在確率の高い人口規模の範囲（例）

		存在確率が50%および80%となる自治体の人口規模の範囲
個人サービス業	遊戯場	5,500 ～ 17,500人
	カラオケボックス業	17,500 ～ 37,500人
	興行場・興行団	72,500 ～ 175,000人
事業所サービス業	税理士事務所	17,500 ～ 27,500人
	経営コンサルタント業	32,500 ～ 62,500人
	公認会計士事務所	77,500 ～ 225,000人

（吉田　肇「都市のサービス経済化と成長要因に関する研究」『シティライフ学論叢』19，2018年，の表2，および『国土のグランドデザイン2050』参考資料をもとに加筆修正）
「存在確率」とは，当該産業の事業所が1つでも存在する市町村の割合.

サービスの特性として，1．形がない，2．サービスの生産と消費は同時に行われる，3．貯蔵が難しい，4．質が変動する，などが挙げられる．このうち，「2」と「3」は，地理学的に重要である．これらは，サービスの提供者と消費者が空間的に近接する必要があることを意味する．このような特性上，サービス業の立地は，消費者の分布と対応する傾向が強い．個人サービス業は，顧客である個人の分布に対応する．この場合の個人の分布とは，たいていの場合は居住地，つまり人口の分布である．一方，事業所サービス業は，顧客である事業所（企業）の立地に対応するので，事業所の集積する大都市に偏在する．表4-2は，東北地方の中で仙台市がどの程度のシェアを占めているかが示されたものである．サービス業全体よりも，事業所サービス業において仙台市への集中が著しいのがわかる．オフィスサービス業の場合はさらにその傾向が顕著である．これは，東北地方における，経済的中枢管理機能の仙台市への集積の強さ（2章）を反映したものである．

立地するサービス業の種類は，都市の規模と無関係ではない．都市の規模が大きくなるほど多様な需要が発生するため，それに対応して多様なサービス業が立地する．表4-3をみると，小規模都市では成立しないような特殊なサービス業も，人口規模の大きな都市であれば立地可能であることがわかる．当然のことながら，小規模都市に立地するサービス業は大都市においても立地するので，大都市には多種多様なサービス業が立地することになる．

［参考文献］

荒木俊之「2000年代前半におけるコンビニエンスストアの立地－岡山市・高松市を事例に」立命館地理学22，2010年
岩間信之「東京大都市圏における百貨店の立地と店舗特性」地理学評論74A-3，2001年
牛垣雄矢「東京都千代田区秋葉原地区における商業集積地の形成と変容」地理学評論85-4，2012年
奥野隆史・高橋重雄・根田克彦『商業地理学入門』東洋書林，1999年
加藤幸治『サービス経済化時代の地域構造』日本経済評論社，2011年
兼子　純「ホームセンター・家電量販店の展開と競合」（荒井良雄・箸本健二編『日本の流通と都市空間』古今書院，2004年）
兼子　純「家電小売業の小商圏市場への対応」（土屋　純・兼子　純編『小商圏時代の流通システム』古今書院，2013年）
企業共済協会編『ロードサイドショップ－その実態と商店街への影響－』同友館，1993年
近藤暁夫「消費低迷時代における都市ロードサイド商業地の景観変容－岐阜市と周辺部を事例に」立命館文學650，2017年
土屋　純「コンビニエンス・チェーンの発展と全国的普及過程に関する一考察」経済地理学年報46-1，2000年
根田克彦「釧路市における小売業の地域構造－その昼間と朝・夜間との比較」地理学評論70A-2，1997年
根田克彦『都市小売業の空間分析』大明堂，1999年
林　上『現代都市地理学』原書房，2012年
ブライアン J.L. ベリー 著，西岡久雄・鈴木安昭・奥野隆史共訳『小売業・サービス業の地理学－市場センターと小売流通』大明堂，1972年
森川　洋「2010年の人口移動からみた日本の都市システムと地域政策」人文地理68-1，2016年
吉田　肇「都市のサービス経済化と成長要因に関する研究」シティライフ学論叢19，2018年

5章　都市の工業

1．戦前の工業化

世界における近代工業は，広大な植民地を背景にイギリスにおいてはじまった．その発祥地とされるマンチェスターでは，早くも18世紀後半に綿工業における工場制機械工業が発達し，世界最初の工業都市となった（岩間，2018）．近代工業化の波は，他のヨーロッパ諸国，アメリカ合衆国へと広がり，19世紀後半に日本に到達した．

明治初期の段階では，日本独自で近代的な工場を稼働させることができず，ましてや民間企業にそれを任せることはいっそう困難であった．そこで，欧米人（いわゆるお雇い外国人）による援助を受けて設立された官営工場が，近代工業化を先導した．欧米の最新技術にもとづく官営工場から，日本各地の民間工場へと技術が移転し，日本の近代工業化がすすめられていったのである．こうした官営工場としては，北九州の八幡製鉄所や，群馬の富岡製糸場が代表的である．

日本における戦前の工業都市として，水野（2014）は，製糸・紡績業によるもの（例：岡谷・須坂・大阪），資源・港湾による企業城下町（例：日立・新居浜・延岡・釜石），軍需中心の重工業によるもの（例：呉・長崎・佐世保・太田），大都市の外延的拡大にともなうもの（例：川崎・尼崎），工場疎開によるもの（例：姫路・光・徳山・米沢）に類型化している．このうち，早い段階で成立したのが製糸・紡績業であり，製糸業では，富岡製糸場からもたらされた最新技術などにより発達がみられた．20世紀初期までは日本の代表的な輸出産業であり，岡谷や須坂のような製糸業地域で生産された生糸は，主として横浜港を経由して輸出されていった．一方，綿紡績業では，大阪市が日本最大の都市であった．紡績工場の煙突とそこからはき出される煙は，「東洋のマンチェスター」と称される大阪の繁栄の象徴であった．

企業城下町とは，特定の有力企業を中核とし，多数の関連企業が立地する都市のことである．その企業の動向は，当該都市の経済社会のみならず，時には政治・行政にも大きな影響を及ぼすこともあった．軍需によって成長してきた都市は，軍事的要請によって形成されたものであり，戦艦や兵器製造に関連する工場が戦前・戦中に多数建設された．戦後，平和産業に転換する中で，従来の産業基盤を引き継ぐ形で造船業や金属工業が立地している事例が多い．工場疎開とは，軍需工場への空襲を防ぐ目的で，都市部から周辺部へと工場を移転させたものであり，

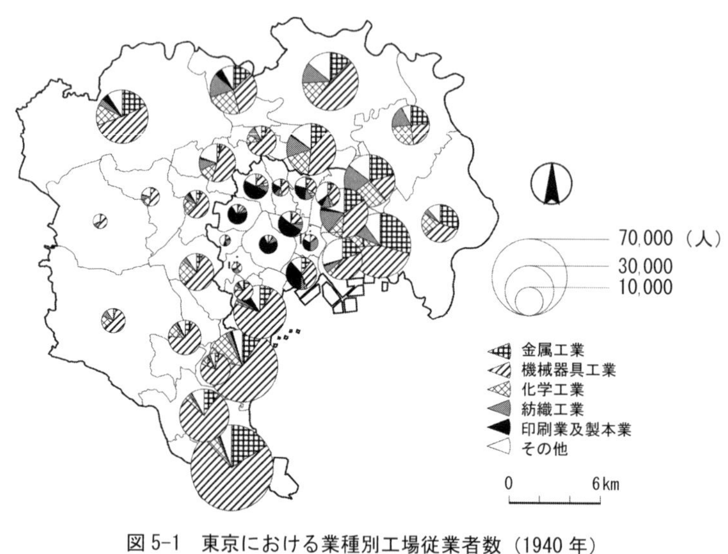

図 5-1　東京における業種別工場従業者数（1940 年）
（谷　謙二「1930 年代の東京市における郊外化，工業立地および通勤流動の関係」埼玉大学紀要［教育学部］66-1，2017 年）

これも軍事的要請に基づくものとみなせる．企業城下町にせよ，軍事的要請に基づいて形成された都市にせよ，産業構造の変化により，現在では衰退に直面しているところが多い．

次に，戦前における大都市の工業化について述べる．先述の大阪市は，紡績で発展した後，金属などの重工業も立地し，阪神工業地帯の中核として総合的な工業都市へとシフトしていった．これは，京浜工業地帯における東京も同様の傾向である．現在でこそ大都市にはオフィスや住宅が立地し，相対的に工場は少なくなっているが，戦前の大都市を特徴付けていたのは大小様々な工場群であった．図 5-1 によると，東京都心を取り巻く形で工場従事者が分布していたことがわかる．業種別にみると，都心において印刷業及製本業，東部（城東地区）において金属工業，南部（城南地区）において機械器具工業と，大都市内部でも工業特性に地域的差異がみられた．

2．戦後の工業化

a．戦後の復興と工業・炭鉱

戦後，敗戦によって混乱に陥った状況を打開するためには経済復興が急務となった．特に，石炭や鉄鋼の不足は，生活物資の不足につながる深刻なものであったため，これら石炭産業，鉄鋼産業に資金，人材，資材を集中して経済復興を図ろうとする傾斜生産方式がとられることになった．

石炭産業は，戦前からの日本の主要産業であり，北海道，常磐，筑豊などの産炭地では炭鉱都市が成長した．その中の一つ，北海道夕張市は，石狩炭田の代表的都市であった．明治時代から石炭採掘が行われ，戦時中も石炭の増産体制がとられていた．終戦により，日本の産業は疲弊していたが，先述の通り，傾斜生産方式の導入によって炭鉱都市である夕張市の経済は活況を呈した．人口も急増し，1960 年には約 11 万にまで成長した（図 5-2）．しかし，1960 年代にはいると，エネルギー革命の影響や輸入炭の増加により石炭採掘量は激減し，閉山に追い込まれた．現在は著しい財政難をかかえている都市としても知られるようになった．

鉄鋼産業も，石炭産業と同様に明治期からの主要産業である．製鉄の際に石炭が燃料として使用されるので，鉄鋼産業と石炭産業は密接な関係を持っている．傾斜生産方式には，石炭と鉄鋼を相互循環的に増産させることで経済復興を図ろうとする意図があった．国内で初めて鉄

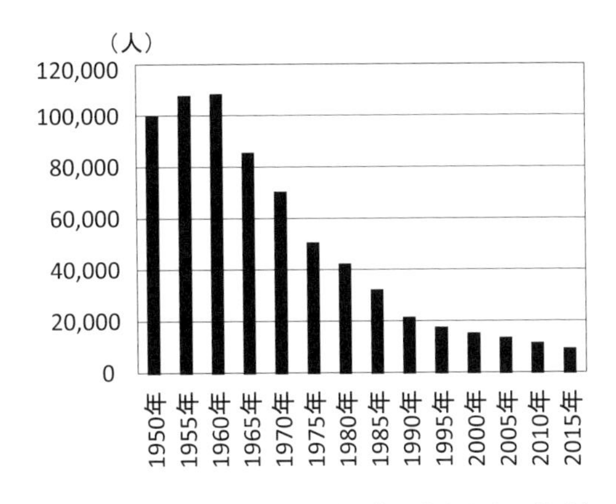

図 5-2　夕張市の人口推移（国勢調査をもとに作成）

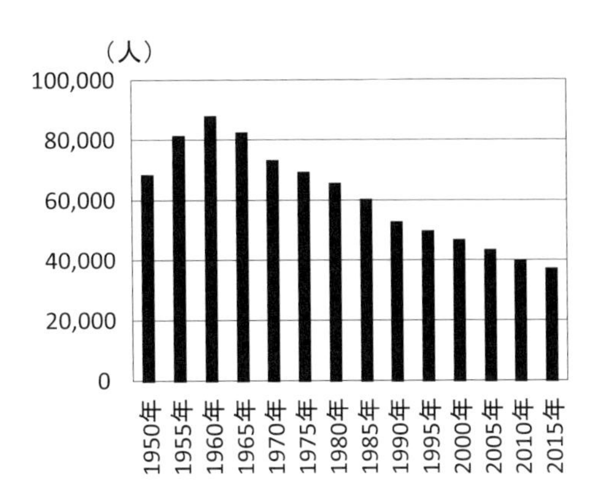

図 5-3　釜石市の人口推移（国勢調査をもとに作成）

鉱石による製鉄に成功した「近代製鉄発祥の地」として知られる岩手県釜石市は，炭鉱都市の夕張市と同様，終戦直後から 1960 年にかけて人口が急増した．最盛期の 1960 年には人口約 9 万にまで到達し（図 5-3），岩手県内の有力都市となった．しかし，全国レベルの鉄鋼産業の再編の影響を受け，釜石市の鉄鋼産業は縮小し，人口も 1960 年をピークに大幅な減少を示すようになった．1980 年代の円高や, 市場立地指向（大都市圏への主力製鉄部門の移転）を受け，もはや鉄鋼産業が地域経済を潤す産業ではなくなっている．

夕張市，釜石市に共通するのは，もともと小規模な都市であったところに，特定の産業が生み出され，国策的に増産体制がとられた点である．こうした偏った産業構造は，その特定産業の動向次第で地域経済に急速な悪影響がもたらされることを明確に示している．

b. 大都市工業の発展

東京，大阪，名古屋などの大都市は，戦時中の空襲によって市街地の大部分が破壊されたものの，戦後の復興を牽引する役割を担って，優先的に復興のための資本投入がなされた．これにより，それぞれの工業地帯の湾岸部には，大手企業の大規模工場が立地するようになった．

湾岸地区に立地するような大手企業の多くは，完成品を製造するメーカーであった．大手企業は，完成品をすべて自前で製造するのではなく，大量の部品や金型を多数の下請け企業に発注している．下請け企業の多くは中小零細企業であるが，大手企業の要求する水準を満たすには高い技術力が求められる．これら中小零細企業は町工場とも呼ばれ，高度経済成長期の工業発展を支えてきた．

消費需要の高まりにより，大手企業から町工場への発注量も増加したが，これにともない町工場では労働力不足が深刻化した．その不足を埋めるべく作り出されたのが，集団就職であった（山口，2016）．当時，地方には農家の跡を継げない次三男や女子が大量に存在し，その就職先確保が課題となっていた．一方で大都市の町工場は，大手企業などが労働者を大量採用することによって，恒常的に労働力が不足する状況にあった．これは町工場だけでなく，商店街の中小零細店舗でも同様であった．こうして，地方から鉄道，船などに乗って，大都市の工場や商店へ働きにやってくる人の流れが形成された．集団就職は，高度経済成長期が終わる頃には消滅していくが，大都市における戦後の工業発展はこうした地方出身の若者あってのものであった．しかし，町工場の生産性は大手企業に比べると圧倒的に低く，労働者に対して十分な雇用条件，福利厚生を与えることはできなかった．このため，生活水準においても大手と中小の間には大きな格差が存在していた．

c. 国内における工業分散

大都市に工業が集積した要因の一つに，交通条件の良さが挙げられる．鉄道路線は，大都市を中心として周辺部や他地域と結びついているため，原料を運び込んだり製品を運び出すうえで，大都市の鉄道駅周辺はアクセスに優れた場所であった．鉄道駅に最も近い場所には高地価を負担できるオフィスなどが立地するが，それを取り囲む形で工場群が立地した．これは，同心円地帯モデルで説明したとおりである（3 章）．また，豊富な労働力の存在や取引企業への近接性なども，大都市への集積の一因となる．

しかし，高度経済成長期に入ると，大都市における工業集積のメリットが薄れていくようになる．経済活動の活発化や消費需要の拡大にともない，大都市においてオフィスや商業施設の立地がすすんだ結果，大都市の地価が上昇してきた．都心周辺部に立地していた工場は，高い地価を負担することができなくなり，安い土地を求めて他地域へ移転するようになった．こうした企業側の要因だけでなく，工場等制限法（京浜地区，阪神地区が対象），工業再配置促進法，工場立地法など，大都市からの工場分散を促す法律が，1960 年代から 1970 年代にかけて相次いで施行されたことも大きく影響したと考えられる．

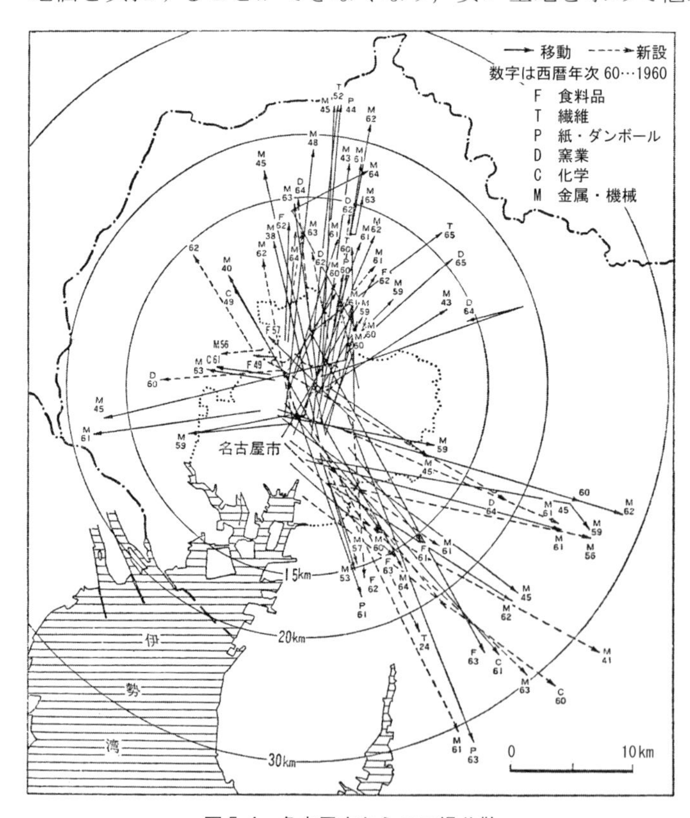

図 5-4　名古屋市からの工場分散
（栗原光政『工業地域の形成と構造』大明堂，1978 年）

また，大都市からの工場分散が可能になったことには，モータリゼーションによってトラック輸送が普及したという交通手段の変化も重要である．鉄道輸送の補完的役割に過ぎなかったトラック輸送が成長してきたことにより，工場の立地可能な範囲が拡大した．ただし，高速道路網が整備途上であった当初（1950 ～ 1960 年代）の移転先は，主として大都市のすぐ外側に位置する地域であった（図5-4）．高速道路が本格的に開通するようになると，工場立地はより広域化していく．例えば，滋賀県の湖南地域は，京阪神大都市圏の外縁部に位置する地域であるが，名神高速道路の開通により，大阪からだけでなく名古屋からのアクセスも向上した．こうした立地条件が評価され，多くの工場や工業団地が立地するようになっている（金田・石川編，2006）．

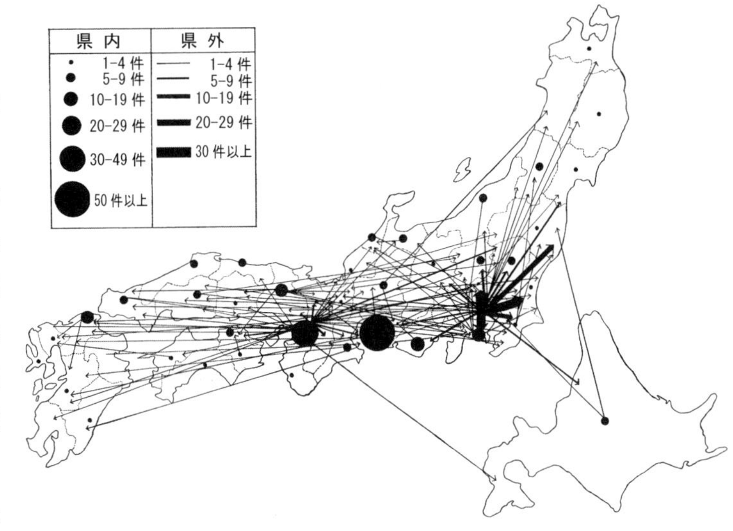

図5-5　重工業の工場移転（1965～68年）
（實　清隆『都市における地価と土地利用変動』古今書院，2008年）

以上のように，工場は大都市圏郊外へと広く立地していった．しかし，人口の郊外化によって住宅地化がすすみ，さらには商業施設なども立地するようになると，大都市圏郊外の地価も上昇し，工場立地にふさわしい場所も少なくなっていった．また，東京，名古屋，大阪などの大都市圏を結ぶ従来の高速道路に加え，大都市圏と地方を結ぶ新たな高速道路（自動車道）の建設がすすめられたことで，地方に工場を立地させることが可能になった．こうした背景のもとで地方に立地した工業の業種は，主として低賃金労働力を指向するものであった．大量の労働力を必要とする業種（労働集約型と呼ばれる）である衣服や電気機器などの業種は，人件費が上昇する大都市圏を避け，農外労働力や女性パート労働力が活用できる地域へと進出していった．地方の側でも，自治体が工場誘致条例を制定し，進出企業には税制や土地取得において優遇措置を与えるなどの策を講じた．これも，工場の地方立地がすすんだ大きな背景の一つである．

一方で，重厚長大型工業は容易に移転できる業種ではなく，原材料や製品の輸送の観点からも大都市圏（工業地帯）に立地する傾向が強い．しかし，地域経済に特に大きな影響力を持つのはこうした工業であるため，大都市圏と地方の格差を解消することを目的として，重厚長大型工業の地方立地が政策的にすすめられた．代表的なのが，新産業都市，工業整備特別地域である．1962年に策定された全国総合開発計画は，地方への工業集積によって大都市圏と地方の格差是正を目指したものであるが，そのための方式として拠点開発方式が採用された．これによって具体的に指定されたのが，新産業都市，工業整備特別地域である．新産業都市は，大都市圏（工業地帯）から離れた地域に指定されたのに対し，工業整備特別地域は，既存の工業地帯に隣接する地域に指定された．これは，新産業都市だけでは投資効果が弱いことや，生産拡大を目指す企業にとっては既存の工業地帯周辺への立地も重要と考えられたからである．

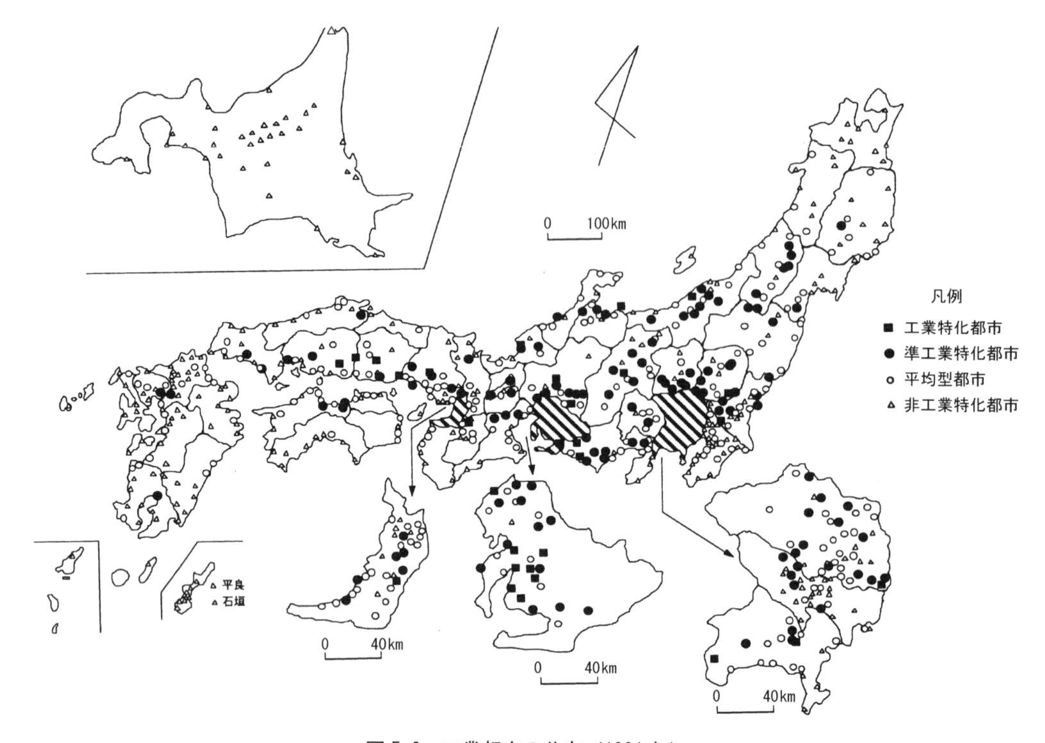

図 5-6　工業都市の分布（1991 年）
（北川博史『日本工業地域論－グローバル化と空洞化の時代』海青社，2005 年，をもとに作成）

以上のような，高速道路の整備，工業の分散政策などによって，地方への工業立地がすすんだのは間違いない（図 5-5）．しかし，新産業都市の多くは期待されたほどには企業誘致がすすまず，地域格差の是正がなされるには至らなかった．対照的に工業整備特別地域には，その立地条件の良さゆえに企業立地がすすんだ．この結果，既存の工業地帯とそれに隣接する地域，すなわち太平洋ベルトの成長が進展し，それ以外の地域との格差が深まることになった．その後，時代にあわせて全国総合開発計画が何度も書き改められ，さまざまな形で地域格差是正が目指されたものの，その格差が十分に解消されるには至らなかった．図 5-6 をみると，工業に特化する都市の多くが太平洋ベルトに立地する都市であることがわかる．

3．脱工業化時代の工業

a．海外への工業移転

日本における脱工業化は，すでに数十年前から継続している現象とみてよい．この背景には，価値を生み出す中心が，モノからサービスへとシフトしていることがある．業種も，従来のようにモノを造ったり売ったりする製造業や商業ではなく，サービス提供を中心とするサービス業へとシフトしている（4 章）．

脱工業化をもたらしているもう一つの重要な要因として，製造業の海外移転も忘れることはできない．日本の工業における海外進出は，1980 年代後半に増加するようになった（図 5-7）．当時の日本は，アメリカ合衆国との間に深刻な貿易摩擦問題を抱えていた．日本の工業製品が

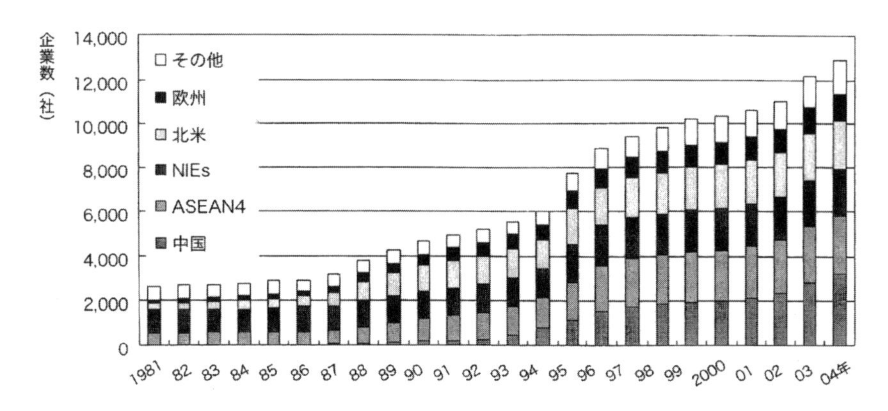

図 5-7　日本の製造業における海外現地法人数の推移
（林　上『社会経済地域論』原書房，2008 年）

アメリカ合衆国へと大量に輸出されることで，アメリカ合衆国の対日貿易赤字が大幅に膨らんだ．また，アメリカ合衆国内の製造業が不振に陥ったことで失業などの社会問題も発生し，日本への批判も増大した．こうしたことから，日本の製造業の中には，アメリカ合衆国に工場を新設し，現地労働者を雇用することにより批判解消に努める企業も多数出現した．

図 5-8　町工場とマンション（東京都大田区）
（筆者撮影）

1990 年代に入ると，日本企業の進出先がアメリカ合衆国からアジアへと変化する．バブル経済を経て日本の人件費が高騰したことや，経済のグローバル化にともなう国際競争力の激化から，より低コスト生産が求められるようになったため，人件費の安いアジア諸国への進出がすすんだ．これらアジア諸国で製造された日本企業の製品が，日本に逆輸入されることは今や珍しいことではない．このように，日本企業は，コストの面からアジア諸国へ立地をすすめてきたが，近年は状況が変化してきている．アジア諸国の経済成長がすすみ，単にコストではなく，魅力的な市場としての進出もみられるようになった．

海外への移転の一方で，大都市に残る製造業もある．典型的なのは，いわゆる町工場の集積する地区であり，東京都大田区や東大阪市の産業集積は特に有名である．図 5-1 でみたように，大田区の位置する城南地区は，戦前から機械器具工業の集積が顕著な地域であり，戦後は，集団就職で上京してきた若者が技術を習得し，独立して町工場を創業した地域である．主として京浜地区の大手企業を取引先としてきたが，それら大手企業が海外展開をすすめたため，大田区の町工場も減少傾向にある．交通アクセスに恵まれた地理的条件にあることからマンションも増加し，工場の操業環境が悪化してきたことも減少要因である（図 5-8）．それでも，残った企業の中には，高い技術力を武器に新たな取引先を開拓するところも多い．一方，行政としても，産学連携の拠点整備，域内企業の情報発信力の強化，受発注の斡旋など，小規模事業者を支援する取り組みを行っている．

b. 近年における国内，大都市圏への回帰

海外移転がすすんでいる一方で，2000年代に入ると，一部の製造業において国内回帰の動きがみられるようになった．「2018年版ものづくり白書」によると，企業が国内回帰をすすめた主な理由として，「人件費」，「リードタイムの短縮」，「品質管理上の問題」がある．

人件費については，特に中国における賃金水準が急速に上昇しており，低コスト生産を指向した中国進出のメリットが薄れてきたことが考えられる．実際，どこの国・地域から国内生産に戻したのかをみると，6割以上が中国・香港である（図5-9）．リードタイムとは，発注から納品までの時間のことである．いくら品質や性能の良い製品を作っても，リードタイムが長ければ販売の機会を失ってしまう．例えば，市場の変化が激しい昨今，海外から長時間かけて輸送している間に，他社が類似製品を作ってしまうこともありうる（中村，2008）．こうした動きに対応するために，国内生産のほうが有利との判断がなされているといえる．品質管理上の問題とは，現地採用の労働者と日本国内の労働者を比較した際の質の問題と考えられる．この問題は，国内回帰がみられるようになる以前から存在するものであり，必ずしも国内回帰の直接的理由ではないかもしれない．これまでであれば，品質管理上の問題を差し引いても安価な人件費等が誘因となって海外立地をすすめてきたものの，人件費の上昇などにより，品質管理が目に見える問題となってしまったともいえる．

図5-10は，日本の製造業企業が，アジアにおいて生産をどのようにシフトさせているのかを示したものである．2006年には，日本から中国への移管が圧倒的に多かったが，2016年には大幅に減少している．対照的に，中国から日本への移管は大幅に増加している．ASEANとの関係をみても，中国との関係と同様の傾向であり，日本国内への回帰がすすんでいる．中国からASEANに移管する動きも高まっており，先にみた中国における人件費の上昇などの影響が出ているものと考えられる．

国内回帰してきた製造業の立地は大都市圏が中心であり，地方圏の場合は交通条件などのよい地域に限られる（中村，2007）．これには，工場等制限法，工業再配置促進法が2000年代に廃止されたことで,大都市圏において立地自由度が高まったことも影響していると考えられる．大都市圏の工場は，生産機能から研究開発機能へとシフトしてきたが，さらに近年では，国内に分散していた研究開発機能を大都市圏の工場に集約する事例も出てきている（鎌倉，2012）．

このように，これまでのような製造業の分散傾向から，国内回帰，大都市圏回帰の動きもみられるようになった．しかし，この流れが継続するとは一概に言えない．特に国内回帰をめぐっては，一過性のものであるとの指摘もある（菊池，2018）．製造業が立

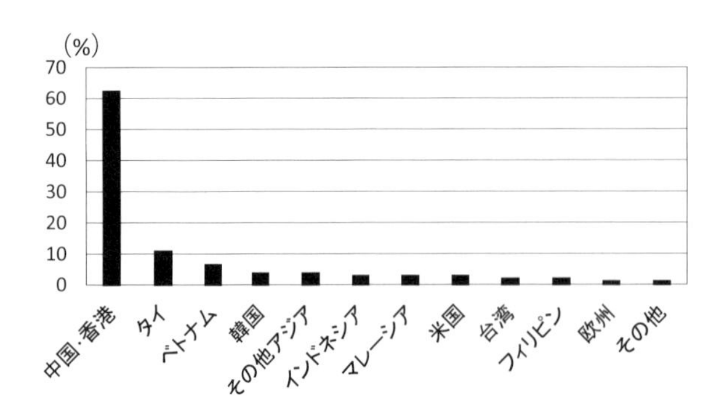

図5-9　どこの国・地域から国内生産に戻したか
（『ものづくり白書　2018年度版』）

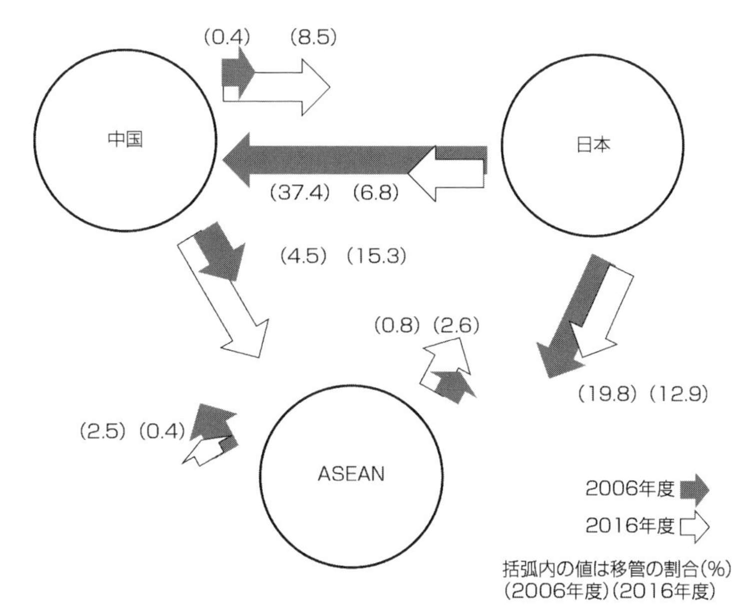

図 5-10　日本，中国，ASEAN 間における拠点の移転
(『ものづくり白書　2017 年版』)

地するためには，その国・地域の需要や収益性の高さが重要であるが，現在の日本は，人口減少により国内消費市場は伸び悩んでいる．この構図が変わらない限り，製造業の国内回帰がいっそう進展する可能性は高いとはいえない．

[参考文献]

岩間英夫「世界最初の産業革命地・マンチェスターにおける産業地域社会の形成と内部構造」地域研究 58，2018 年
鎌倉夏来「首都圏近郊における大規模工場の機能変化－東海道線沿線の事例」地理学評論 85-2，2012 年
菊地秀朗「製造業の「国内回帰」に過度な期待は禁物－国内市場の底上げこそ肝要」リサーチ・フォーカス（日本総研），2018 年 2 月 26 日
北川博史『日本工業地域論－グローバル化と空洞化の時代』海青社，2005 年
金田章裕・石川義孝編『日本の地誌 8　近畿圏』朝倉書店，2006 年
栗原光政『工業地域の形成と構造』大明堂，1978 年
實　清隆『都市における地価と土地利用変動』古今書院，2008 年
谷　謙二「1930 年代の東京市における郊外化，工業立地および通勤流動の関係」埼玉大学紀要［教育学部］66-1，2017 年
中村久人「日本製造企業の国内回帰現象と企業競争力に関する考察」経営論集 69，2007 年
中村久人「日本製造企業の国内回帰現象と国際競争力に関する研究」経営論集 71，2008 年
林　上『社会経済地域論』原書房，2008 年
水野真彦「工業都市」（藤井　正・神谷浩夫編著『よくわかる都市地理学』ミネルヴァ書房，2014 年）
山口　覚『集団就職とは何であったか－“金の卵”の時空間』ミネルヴァ書房，2016 年

6章　都市のオフィス立地

1. オフィスの増加と都心立地

現代の日本がすでに脱工業化の段階にあることは，5章で示したとおりである．モノを提供する工業社会から，専門的な知識や情報を駆使して高度なサービスを提供する知識社会へと変化する中で，必要性を高めてきたのがオフィス従業者である．農業社会では農業従事者，工業社会では工場労働者，そして知識社会ではオフィス従業者が，それぞれの社会を担う人材といえる．また，農業社会では農地，工業社会では工場，知識社会ではオフィスが，それぞれの中心的な活動場所である．このように考えると，現代社会を理解する上でオフィスに着目する意義は大きい．

バージェスの同心円地帯モデルが示すように，オフィス空間（中心業務地区・CBD）はすでに工業社会の大都市にも存在していた（3章）．しかし，それは大都市のごく一部であって，少数の恵まれた人々の働く空間であった．これは戦前の日本においても同様であった．

戦後の復興期から高度経済成長期へとさしかかる段階になってオフィスの重要性が高まり，オフィス空間は急速に拡大していった．大都市の都心には，高層オフィスビルで構成されるオフィス街が形成され，周辺とは明確に区別される都市景観が誕生した．高度経済成長期直後の1975年のオフィス従業者密度を示した図6-1をみると，都心にオフィスが集積している様子が読み取れる．では，なぜオフィスは都心に立地するのであろうか．工場などに比べ，高地価を負担しうる部門であることはもちろん理由の一つであるが，それだけでは，なぜわざわざ高地価の場所に集中するのかを明確に説明できない．この疑問に対し，明確な説明を与えたのがヘイグである（須田，2000；山崎，2008）．

オフィス活動において重要なのは，知識や情報の伝達，輸送であるが，それらは原材料や製品の輸送とは違い，取引相手との対面接触によって伝達，輸送される．ヘイグによれば，都心は，対面接触による情報への近接性の面で最も優れているため，オフィスは都心に集積する．地価の安い場所にオフィスを構え，そこから都心に出向いて取引相手と対面接触することも考えられるが，その場合に障壁となるのが移動費用（交通費や移動時間）である．交通費はむろんのこと，移動時間もオフィス活動においては障壁となる．重要な情報をいち早く伝達，輸送する上で，移動に要する時間は大きなロスにつながりかねないし，移動中はオフィス従業者の本来

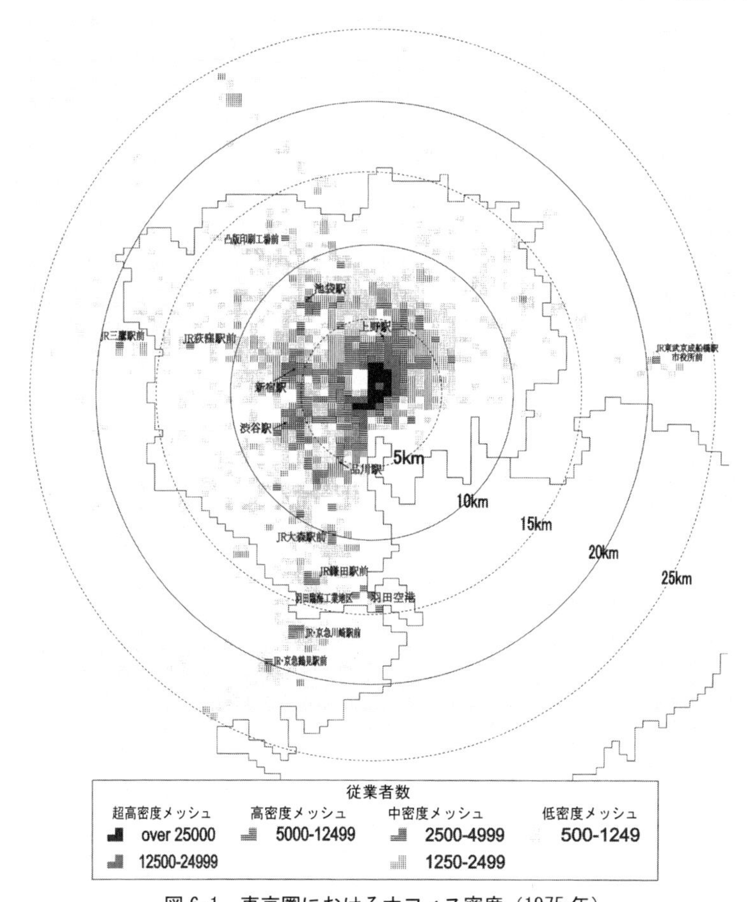

図 6-1　東京圏におけるオフィス密度（1975 年）
（石川雄一『郊外からみた都市圏空間－郊外化・多核化のゆくえ』海青社，2008 年）

の任務が制約されることになる．この移動費用を最小限にするのが都心であるため，高地価であってもオフィスは都心に立地するのである．

2．都心のオフィス立地

前節でみたように，対面接触の重要性ゆえにオフィスは都心に集積する傾向が強い．しかし，過度に集積すると，地価のさらなる高騰や交通混雑の発生などの不利益も増えてくる．こうした不利益を避けるため，オフィスを都心以外に移す企業もあらわれてくる．とはいえ，対面接触を考えると都心から離れすぎることにも問題があるため，同じ大都市内の別の地区にオフィスを構えることが合理的な判断となる．このようなオフィスが特定地区に集積すると，副都心や新都心と呼ばれることが多い．こうした地区は，世界中の大都市において形成されてきた．一方，従来の都心を旧市街などと呼んで区別することもある．

サンパウロの旧市街は，19 世紀後半の鉄道開通を契機に発展した地区である．現在もサンパウロ市庁舎や証券取引所などが立地する一方で，老朽化したビル群もみられる（図 6-2）．一方，パウリスタ大通りは，20 世紀後半以降におけるブラジルの経済成長を背景にオフィスが集積するようになった新都心であり，日本を含む外資系企業が数多く立地する．旧市街に比べると，

図 6-2　サンパウロ・旧市街（筆者撮影）

図6-3　サンパウロ・パウリスタ大通り（筆者撮影）

図 6-4　ソウル・明洞（筆者撮影）

図 6-5　ソウル・汝矣島（筆者撮影）

図 6-6　ソウル・江南（筆者撮影）

図 6-7　丸の内地区（筆者撮影）

現代的なオフィスビルが連続する景観が特徴である（図 6-3）．

現在のソウルは，北岳山と南山に挟まれた地域に造られた朝鮮王朝の都・漢陽がベースとなっている．中でも明洞は，早くも 1960 年代から都市化がすすみ，オフィス，商業施設，サービス施設の集積する都心を形成している（図 6-4）．しかし，都心の過密化が都市問題と認識されるようになり，1970 年代からは，都心機能の一部を肩代わりできるような新たな都市開発地区が誕生することになった．その第 1 号ともいえるのが汝矣島（ヨイド）である．1970 年代に入り，漢江の中州である汝矣島に，国会議事堂，テレビ局，金融機関などが都心から移転してきた．明洞とは異なり，計画的に開発された地区であるため，汝矣島の街並みは整然としている（図 6-5）．続いて開発がすすんだのが，漢江の南に位置する江南地区である（図 6-6）．1970 年代以降に急速に発達し，本社など中枢管理機能を置く企業も多い．

東京では，東京駅に近い丸の内・大手町地区にオフィスが集積し，都心が形成されている（図6-7）．この地区は，日本を代表する大手企業の本社が多数立地し，日本における最高の中枢管理機能の集積地とみなすことができる．しかし，戦後の復興に合わせるように1950年代からオフィスが急増したことで，過密状態に陥った．そこで,都心の過密化を緩和するため,第1次首都圏整備計画（1958年）において新宿,池袋，渋谷などを副都心と位置づけ，オフィス機能の受け皿を整備することになった．中でも最大規模の開発が実施されたのが新宿である．新宿副都心計画に基づき，新宿駅西口にあった淀橋浄水場の跡地が整備され，1970年代には超高層ビル街へと生まれ変わった（図6-8）．新宿ほどの規模ではないものの，池袋においても副都心計画が立案され，旧東京拘置所（巣鴨プリズン）の跡地に超高層ビルのサンシャイン60が建設された（図6-9）．

図6-8　新宿の超高層ビル群（筆者撮影）

図6-9　池袋のサンシャイン60（筆者撮影）

図6-10　大阪ビジネスパーク（手前は大阪城）（筆者撮影）

大阪都心のオフィス地区は,大阪駅（梅田駅）から難波・心斎橋までの御堂筋を中心とするエリアである．東京ほどではないにせよ，都心の交通渋滞などが深刻化してきた．民間主導でオフィス開発がすすめられたのが，大阪ビジネスパーク（OBP）である．京橋駅の南部，大阪城の北東部に位置するこのエリアは，戦前までは大阪砲兵工廠，戦後は工場・倉庫として利用されてきた．1960年代から1970年代にかけての時期に，土地を所有する企業4社により，業務施設，文化施設，ホテル，会議場などを含むビジネスパーク構想がまとめられた（大阪ビジネスパーク開発協議会編，1987）．これに基づき開発がすすめられ，超高層ビルの林立する景観が誕生した（図6-10）．

3．郊外のオフィス立地

a．郊外立地の要因

1980年代に入ると，オフィスの立地範囲が大都市にとどまらず郊外にまで拡大するようになった．特に1990年代初頭までは郊外へのオフィス立地が顕著にすすんだ．対面接触を重視するオフィス部門の特性とは一見矛盾するこうした動向の背景には，情報通信技術の発達があると考えられる．情報通信技術が未発達な時代にあっては，企業間で情報のやりとりを行おう

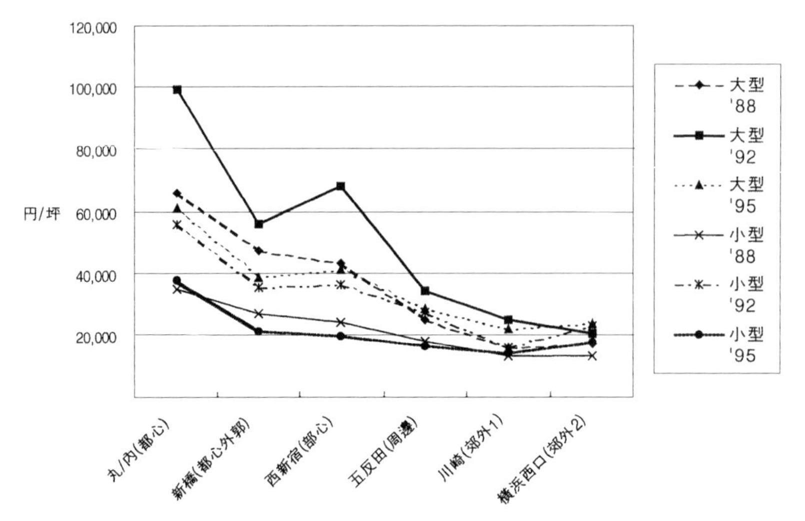

注）大型は延面積 3,000 坪（9,917 m²）以上，小型は 1988 年には延面積 1,000 坪（3,306 m²）以下，1992 年以後は 500 坪（1,653 m²）以下である．

図 6-11　東京大都市圏の各業務地区別，ビル規模別の賃貸料
（李政勳「東京大都市圏における都心オフィス機能の郊外移転の要因と費用」人文地理 54-5，2002 年）

とすれば，対面接触に頼らざるを得なかった．しかし，情報通信技術が発達し，情報通信機器を介して情報伝達ができるようになると，対面接触の必要性は低下する．このため，地価の高い都心にオフィスを構えておくことの経済的合理性が弱まり，郊外に立地するようになる．

とはいえ，すべてのオフィスが郊外に移転するのではなく，現に多くのオフィスは都心に残っている．これは，オフィスの中にも，対面接触の必要な業務とそうでない業務があることが関係している．例えば，取引先（顧客）と直接接することの少ないバックオフィス（事務処理，管理業務など）は，都心に残る必要性が小さい．一方，営業などの場合，取引先（顧客）との対面接触が不可欠であるので，都心に残ることが必要となる．

以前であれば，営業部門の従業員が対面接触によって得てきた顧客情報は，同じオフィス内の事務処理部門の従業員に直接伝えられることが多かったと考えられる．しかし，情報通信技術の発達した現在ならば，営業員が電話，ファックス，電子メールを活用して遠隔地の事務処理部門に情報を伝えることで事足りることが多い．また，取引先（顧客）とのやりとりにおいても，すべてが対面接触によってなされる必要はなく，定型的な情報交換であれば，電話，ファックス，電子メールで代替可能である．こうして，対面接触の機会が減少すれば，取引先（顧客）との近接性にとらわれることはなく，立地の自由度は高まる（佐藤，2016）．

しかし，いくら立地の自由度が高まったとはいえ，都心と郊外のオフィス賃貸料の格差がそれほど大きくなければ，わざわざオフィスを郊外に移す動機づけも弱くなると考えられる．この点で，1980 年代後半から 1990 年代初頭にかけてのバブル経済期の地価上昇の意味は大きい．図 6-11 は，東京都心からの距離に応じたオフィス賃貸料の推移を示したものである．いずれの時点においても，都心が高く郊外が低いことに変わりはないが，特に格差が大きいのが，バブル経済期の経済状況が反映された 1992 年である．丸の内，新橋，西新宿といった都心や副都心において著しく賃貸料が上昇している．バブル経済期は，概して地価の上昇した時期として知られているが，全国一律の地価上昇ではなく，大都市に特化した地価上昇であったことを，この図は物語っている．このような背景から，1980年代から1990年代初頭にかけての時期に，郊外にオフィスを移転させる動きが活発化したものと考えられる．

さらに，この時期は，オフィスビルの老朽化，情報通信技術への未対応など，都心のオフィス環境が悪化していたことも，オフィスの郊外立地がすすむ要因の一つであったと考えられる（李，2002）．都心のオフィスビルの多くは1950年代や1960年代に建設されたものであり，それらは1980年代から1990年代初頭の最新情報通信設備には当然対応しておらず，しかも手狭であった．これに対し，新たに建設された郊外のオフィスビルは最新情報通信設備に対応している．このように，都心において優良なオフィスを確保することが困難であったことも，郊外へのオフィス移転がすすむことにつながったといえる．

b．郊外立地の具体例

1996年のオフィス従業者密度（図6-12）を，先に示した1975年のそれ（図6-1）と比べると，全体的にオフィス従業者密度が高まっていることがわかる．この間にサービス経済化がすすみ，いっそうオフィス部門の重要性が高まったことを意味する．郊外をみても，1975年以上に新たなオフィス集積地区が形成されているのがわかる．以下では，郊外のオフィス集積地について，具体例を挙げながらみていく．

東京では，先にみたように，都心である丸の内・大手町地区のオフィス過密化を緩和するため，新宿や池袋などの副都心計画が実行された．しかし，その後もグローバル化とともに東京へのオフィスの集中は続いたため，さらに外側へのオフィスの分散が必要となった．そこで，第4次首都圏整備計画（1986年）において登場したのが業務核都市構想であり，東京に集中したオフィスの受け皿の方向性が示された．その後，多極分散型国土形成促進法において具体的な支援措置が提示され，業務核都市の整備がすすめられるようになった．都心から30～40kmに位置する地域が複数選定されたが，特に，横浜市のみなとみらい21（図6-13），さいたま市のさいたま新都心，千葉市の幕張新都心には超高層オフィスビルが複数形成され，業務核として整備がすすんだ．このように，東京圏では，国家レベルの政策の中にオフィスの分散が位置づけられてきたのが特徴である．

大阪圏は，大阪市のみならず，京都市，神戸市も独立性の高い中心都市として機能する3極構造である．そのため大阪圏では，大阪都心への過度なオフィス集中は，少なくとも東京都心ほどには顕著ではなく，オフィスの郊外立地を国家レベルで強く推進する動きはみられなかった．それでも，大阪市の郊外にいくつかのオフィス地区は形成されてきた．その中の一つである吹田市・江坂地区（図6-14）は，大阪駅から北に8kmほどのところに位置する．高度経済成長がはじまるまでは水田地帯であったが，北側の千里丘陵で開催される大阪万博（1970年）に合わせ，地下鉄御堂筋線の江坂までの延伸，北大阪急行の江坂－千里中央間の開業が決まったことで，この地区の開発がはじまった．江坂駅予定地周辺では土地区画整理事業が実施され，

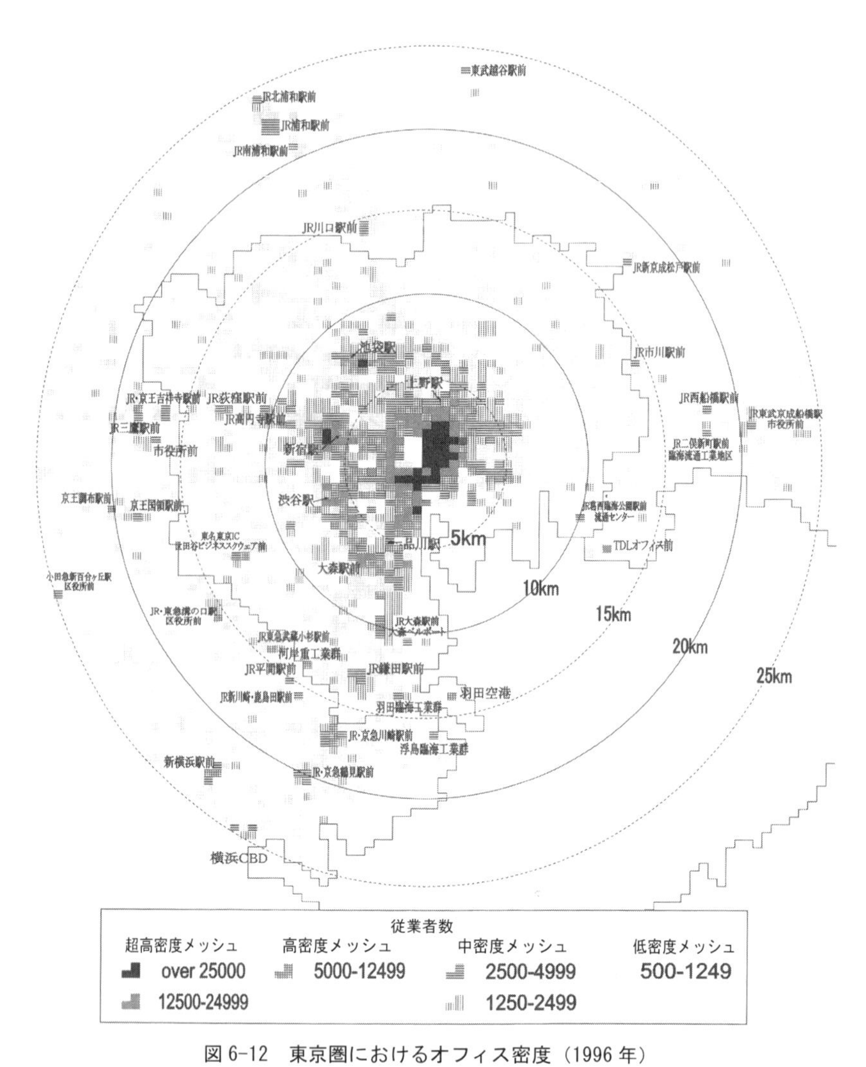

図 6-12　東京圏におけるオフィス密度（1996 年）
（石川雄一『郊外からみた都市圏空間－郊外化・多核化のゆくえ』海青社，2008 年）

図 6-13　横浜みなとみらい 21（筆者撮影）

短期間のうちに業務, 商業施設を受け入れる体制が整備された. 1970 年に江坂駅が開業すると, 大手企業の本社オフィスや配送機能を併せ持つ企業のオフィスが立地するようになった(河合, 1985).

アメリカ合衆国は，郊外におけるオフィス立地が日本以上に顕著である．これは，9 章でも

図 6-14　吹田市・江坂地区（筆者撮影）

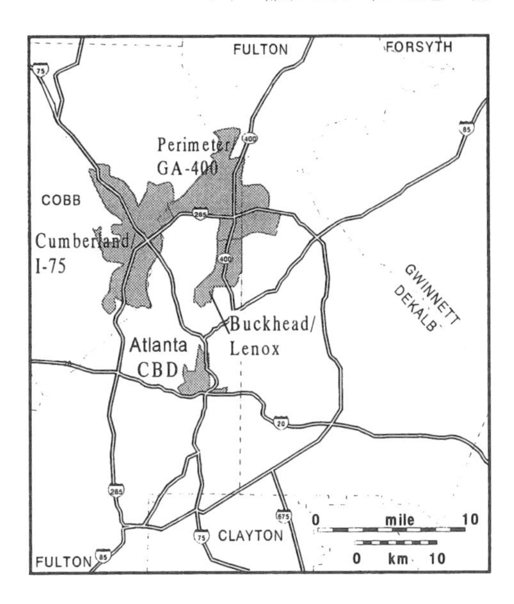

図 6-15　アトランタの都心（CBD）と郊外オフィス地区
（成田孝三編『大都市圏研究　下』大明堂，1999 年）
注）グレーの地区が CBD と郊外都心.

述べるように，モータリゼーションが圧倒的にすすんでおり，郊外に比べ，鉄道駅を中心とする都心（CBD）の優位性が低いことが関係している．アトランタのオフィス地区を示した図 6-15 をみると，都心から放射状にのびる高速道路と環状高速道路のジャンクションを中心に，広範囲に郊外オフィス地区が形成されているのがわかる．環状高速道路の建設にともない，1970 年代に入ってインターチェンジ周辺にオフィス地区が形成されたのを皮切りに，1980 年代には高層オフィスビルも建設されるなど成長をみせてきた．図中のペリメター地区（Perimeter）やカンバーランド地区（Cumberland）は，賃貸オフィス面積において都心（CBD）を上回るという（藤井，1999）．しかし，オフィスビルの立地密度は低く，自動車による移動を前提とした構造になっている．これこそがアメリカ合衆国の郊外オフィス地区の特徴である．

4．オフィスの都心回帰

日本におけるオフィスの郊外立地は，2000 年前後から陰りをみせはじめるようになった．いわゆるオフィスの都心回帰がはじまったのである（図 6-16）．この背景として，バブル経済の崩壊にともなう地価下落が挙げられる．図 6-11 でみたように，バブル経済期には都心と郊外のオフィス賃貸料格差が非常に大きかったが，バブル経済崩壊後は都心において賃貸料の下落が顕著であった．そのため，都心オフィスが，バブル経済期ほどには手の届かない物件ではなくなってきた．また，1980 年代から 1990 年代初頭の都心オフィスビルは老朽化したものが多かったが（3 節），その後更新時期を迎えた都心オフィスビルの多くは，最新情報通信設備を備えたものに建て替えられていった．さらに，情報通信機器の小型化がすすみ，従来ほどオフィススペースを必要としなくなったことで，オフィス賃貸料の削減が可能になってきた．このように，1980 年代から 1990 年代初頭に有していた郊外オフィスの優位性が，その後の環境変化によって失われていったことが，郊外から都心へのオフィス回帰に拍車をかけたと考えられる．

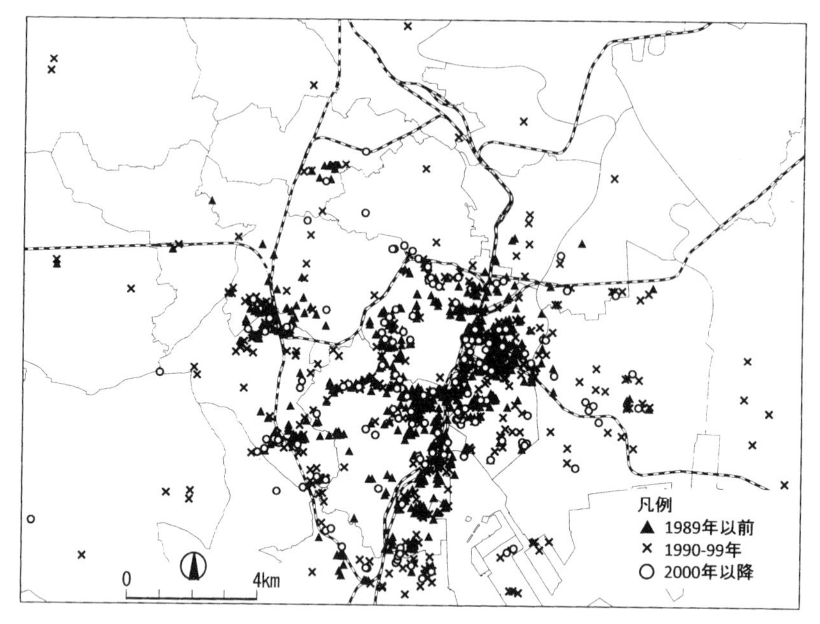

図 6-16　竣工年別にみた東京圏における大規模オフィスビルの分布
（藤井　正・神谷浩夫編著『よくわかる都市地理学』ミネルヴァ書房，2014 年）

図 6-17　西梅田貨物駅跡地再開発（筆者撮影）

また，オフィス供給をめぐる土地の動向も重要である．バブル経済の崩壊やグローバル化にともない，製造業企業においては，所有していた大都市の工場や倉庫を閉鎖し，海外へ生産部門を移転させる動きが活発化した（5 章）．また，社宅などの福利厚生施設を廃止する企業も多くなっている．このように，工場，倉庫，社宅の跡地が大都市内に大量に発生し，そこがオフィスやマンションに転用される事例が増加している．こうした跡地転用の事例の中で，とりわけ大規模な開発をともなうのが，貨物駅の跡地再開発である．

モータリゼーションの進展とともに成長したトラック輸送に押され，鉄道貨物の需要が低下し，1980 年代に入ると大都市の主要な貨物駅は廃止されていった．しかし，大規模な土地ゆえに適切な跡地活用用途がすぐには見つからなかったことや，バブル経済崩壊後の景気低迷により，大規模開発を行う事業者があらわれなかったことなどもあり，しばらくは活用されないことが多かった．その後，景気が回復基調に乗りはじめたことや，都市再生政策（11 章）による再開発規制緩和などが契機となって，貨物駅跡地の再開発がすすむようになった．この事例として，東京の汐留，大阪の梅田（図6-17)，名古屋の笹島などが挙げられる．いずれも都心の一等地に位置し，オフィスビル，ホテル，商業施設等の複合的な開発がなされてきた．

東京都心においては,グローバルな競争に打ち勝つ世界都市化を推進する政策もあり（2章)，外資系企業のオフィスの立地も著しい（小原，2015)．これは，オフィスの東京一極集中に拍車をかける動きでもある．一方，関西に目を向けると，京阪神3極のうち，京都市や神戸市のオフィス地区の縮小がみられる（古賀，2007，2014)．東京一極集中にともなうオフィス需要の相対的な停滞に加え，先述のような大阪都心における大規模なオフィス開発の影響を受けたものと考えられる．このように,オフィスの立地は時代とともに変化してきたのであり,グローバルな影響をも大いに受けている．

［参考文献］

石川雄一『郊外からみた都市圏空間－郊外化・多核化のゆくえ』海青社，2008年
大阪ビジネスパーク開発協議会編『大阪ビジネスパーク土地区画整理事業誌』大阪ビジネスパーク開発協議会，1987年
河合達雄「江坂（大阪地下鉄御堂筋線）－これまでの大阪にない面白い町」エコノミスト63-48，1985年
古賀慎二「京都市におけるオフィスの立地変化に伴う業務地区の変容－1990年代後半期の分析を中心に」地理学評論80-3，2007年，
古賀慎二「神戸市都心部におけるオフィスビルの立地変化と都心地域構造の変容－阪神・淡路大震災からの復興の検証」地理科学69-3，2014年
小原丈明「東京における外資系企業の集積と立地変動」（法政大学比較経済研究所・近藤章夫編『都市空間と産業集積の経済地理分析』日本評論社，2015年）
佐藤英人『東京大都市圏郊外の変化とオフィス立地』古今書院，2016年
須田昌弥「オフィス立地－立地論のフロンティア!?」地理45-4，2000年
成田孝三編『大都市圏研究　下』大明堂，1999年
藤井　正「アトランタ大都市圏の多核化とオフィス立地」(成田孝三編『大都市圏研究　下』大明堂,1999年)
藤井　正・神谷浩夫編著『よくわかる都市地理学』ミネルヴァ書房，2014年
山崎　健「オフィス立地と都市地域構造」（近畿都市学会編『21世紀の都市像－地域を活かすまちづくり』古今書院，2008年）
李政勳「東京大都市圏における都心オフィス機能の郊外移転の要因と費用」人文地理54-5，2002年

7章　都市の交通

1．都市交通と地域変化

交通と都市構造の間に密接な関係があるのは，3章で示した同心円地帯モデル，扇形モデル，多核心モデルをみても明らかである．ここでは，具体的な事例から，交通の変化が都市構造を変えていった様子を考察する．

ここで取り上げるのは名古屋である．近代都市・名古屋の発展の基は，東海道本線の開通および名古屋駅の開設にある．明治期に，東京と大阪を結ぶ鉄道路線が計画された際，名古屋を通る東海道ルートではなく，名古屋の北側（岐阜）を通過する中山道ルートが採用された．これにともない，武豊港から岐阜方面に，中山道ルート建設のための資材を運ぶ路線がつくられることになり，名古屋駅はその間の駅として開設された（1886年）．一方，東京，大阪を結ぶ幹線鉄道が名古屋を通らないことに危機感を抱いた名古屋の政界は，国に対し東海道ルートの重要性，利点を説明し，中山道ルートから東海道ルートへの変更を要請した．結果的に，予算の関係などから東海道ルートへと変更されることになり，名古屋駅は，建設資材運搬路線ではなく，東京，大阪と結ばれる東海道本線の駅となった．

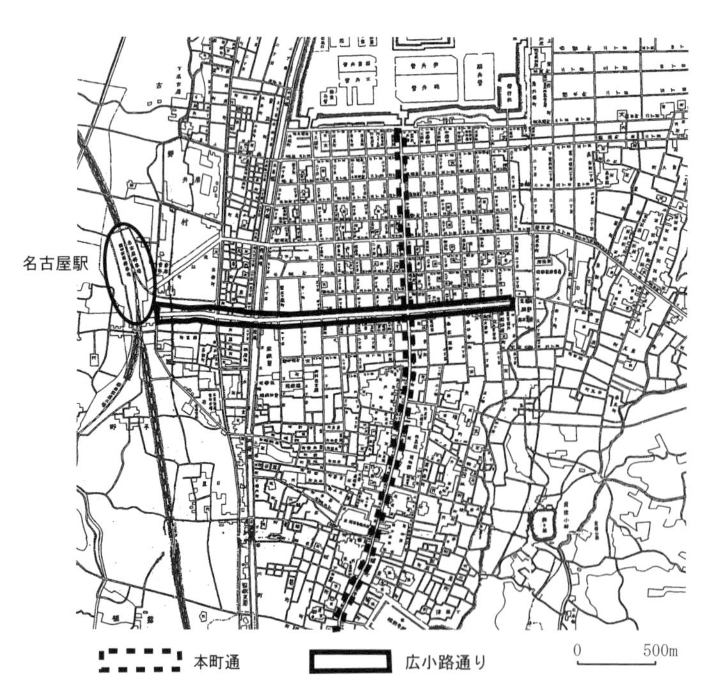

図7-1　明治期の名古屋中心部
（「名古屋及熱田市街実測図」1896年発行，をもとに作成）

名古屋駅が開設されたのは，旧城下町の西の外れであり（図7-1），駅が設置されるまでは何もない湿地帯であった．しかし，名古屋駅が開設された後，広小路通を西に延伸して名古屋駅と結び，そこに路面電車を通すことになった．こうして，名古屋の都心（旧城下町）と名古屋駅が路面電車で結ばれることになり，名古屋駅周辺の変貌がはじまることになった．その代表的なものは，柳橋中央市場である（図7-2）．それまで名古屋駅周辺には，小さな市場が複数立地していたが，名古屋駅の利便性に目を付けた地元の有力者が出資し，柳橋中央市場を開設した（藤澤，2013）．この柳橋中央市場は，名古屋の台所として現在も賑わいをみせているが，その起源は名古屋駅の設置や路面電車の開設にあるといえる．

路面電車が広小路通に開通したことで，旧城下町エリアの都心構造にも変化がみられるようになった．江戸時代までの名古屋城下町のメインストリートは，名古屋城と熱田神宮を結ぶ本町通であったが，金融などの都心機能は，路面電車の通る広小路通へとシフトしていった（図7-3）．東西の広小路通に続き，名古屋の都心と名古屋港を結ぶ南北の軸となる路線が計画されることになったが，当初の計画では本町通に路面電車を通すことになっていた．この計画に対し，本町通に店を構える豪商達から強い反対の声が上がった．江戸時代から続く有力商人が多く，政治的発言力も強かったことから，本町通に路面電車を通す計画はやむなく中止となり，代わりにその東側に位置する南大津町通（大津通）に路面電車を通すことになった．

図7-2　柳橋中央市場（筆者撮影）

この決定は，大津通の運命を大きく変えることになった．路面電車の開通を受け，大津通にも都心機能が集積するようになったのである（図7-3）．また，名古屋の老舗百貨店である松坂屋の立地変化は，路面電車の開通と軌を一にしている．江戸時代には本町通に店を構える呉服店であったが，広小路通，大津通に路面電車が開通するのに合わせて移転を繰り返した．松坂屋名古屋店が立地する現在の大津通は，松坂屋をはじめ，三越，パルコなどの大型店や有名ブランド店が立地し，今や名古屋最大の繁栄を誇るストリートである（図7-4）．

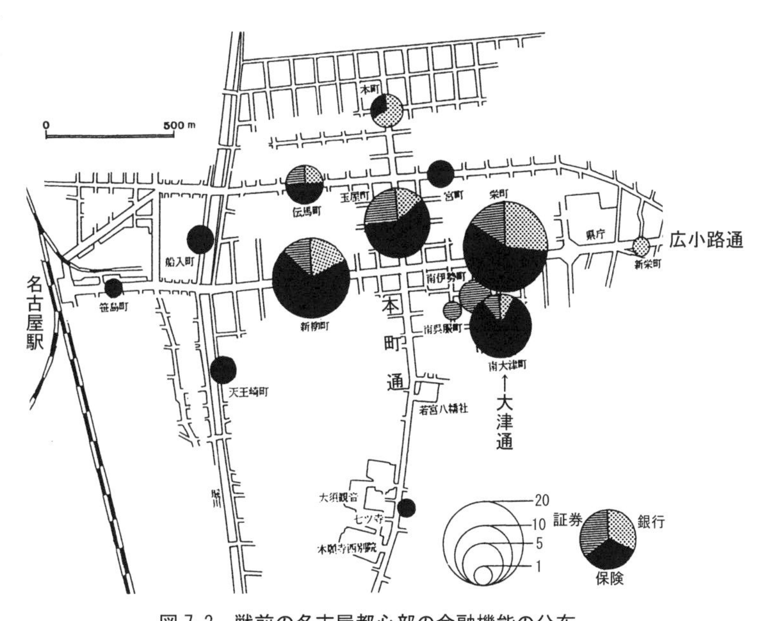

図7-3　戦前の名古屋都心部の金融機能の分布
（名古屋大都市圏研究会編『図説名古屋圏』古今書院，1993年，をもとに作成）

最近の事例として，名古屋駅周辺の高層化が挙げられる．明治時代の名古屋駅開設，1960年代の新幹線開通など，その時々で名古屋駅周辺は変化を経験してきたが，2000年代からの変貌は特に著しい．

図 7-4　大津通（右の建物は松坂屋名古屋店）
（筆者撮影）

図 7-5　名古屋駅周辺の超高層ビル群（筆者撮影）

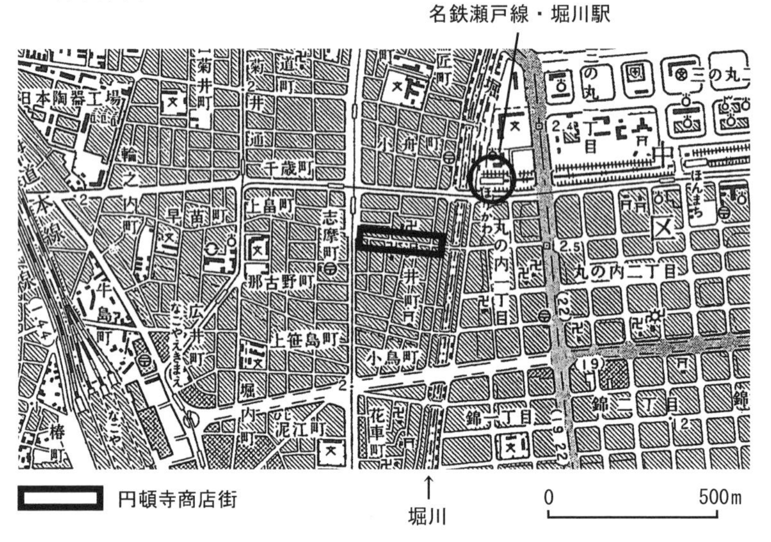

図 7-6　1970 年頃の円頓寺商店街周辺
（25000 分 1 地形図「名古屋北部」1968 年改測）

この変貌の背景には，中部国際空港の開港や，リニア新幹線の開通（予定）がある．この地域における中部国際空港開港以前の国際空港は，名古屋市の北部（豊山町，小牧市，春日井市）にある名古屋空港であったが，この空港へは鉄道によるアクセスが不十分であった．一方，2005 年に開港した中部国際空港は，名鉄によって名古屋駅と直接結ばれることになった．これにより，名古屋駅が，外国と名古屋の結節点となった．また，2027 年に開通予定のリニア新幹線は，一時的とはいえ大阪（2037 年～ 2045 年開通予定）につながるまでは名古屋駅が終着駅となる．こうしたことから，ビジネスの拠点としての名古屋駅の重要性が高まり，需要拡大を受けて超高層オフィスビルやホテルの建設ラッシュが続いている（図 7-5）．

以上，新たな交通機関の誕生が地域を変えてきた事例をみてきたが，対照的に，既存の交通機関が失われることによる衰退の側面もある．この一例として，名古屋市西区の円頓寺商店街を取り上げる．円頓寺の門前町としての歴史をもつこの商店街の周辺には，かつてさまざまな交通条件が揃っていた（図 7-6）．一つは名鉄瀬戸線・堀川駅である．名古屋城下町建設にあわせて開削された人工河川の堀川は，江戸時代から水運の役割を担っていたが，20 世紀初頭になると，瀬戸の陶器を堀川駅まで鉄道で運び，堀川水運によって名古屋港，そして外国へと輸出するルートが確立された．この鉄道部分が名鉄瀬戸線である．堀川駅に隣接する円頓寺商店街は，堀川水運に関係する労働者や名鉄瀬戸線の利用者によって賑わいをみせた．また，商店街の西側，北側を路面電車が通っていたことも，この商店街の賑わいに拍車をかけた．

しかし，1970年代に入ると，路面電車の廃止，名鉄瀬戸線の栄乗り入れ（堀川駅の廃止）など，既存の交通機関の多くが円頓寺商店街周辺から失われていった．このことが契機となり，往年の賑わいはなくなってしまったといえる（図7-7）．

図7-7　円頓寺商店街（筆者撮影）

2．さまざまな公共交通機関

都市（自治体）がどのような交通機関を採用するか，あるいはどのような交通機関が都市内を運行するかは，建設コストや事業運営コストと交通需要の関係で自ずと決まってくる．例えば，既存の道路に車両を走行させるだけで済む路線バスは，都市規模にかかわらず普及している．一方，建設コスト，事業運営コストともに非常に大きくなる地下鉄の場合は，高い交通需要の存在する大都市に限定される．以下，いくつかの公共交通機関を取り上げ，都市におけるそれぞれの実態を明らかにする．

a．鉄道交通

交通は，都市間，地域間を結ぶ長距離輸送を担うものと，都市内の短距離輸送を担うものに分けることができる．前者の代表例が鉄道であり，後者には路面電車，路線バス，新交通システムなどが該当する．鉄道の中でも，全国スケールで路線を有していたのが国鉄（国有鉄道）であり，民営化後はJR各社に引き継がれた．一方，多くの私鉄は，都市と周辺地域を結んだり，旧国鉄の路線のない地域に敷設するなど，都市圏レベルや地方レベルで展開されていった．そのため，長距離輸送と短距離輸送の中間に位置するとみなすこともできる．

鉄道のうち，最初に建設がすすめられたのは，長距離輸送であった．最も重要なのは，6大都市（東京，横浜，名古屋，京都，大阪，神戸）を結んだ東海道本線であり，国の主導で建設がすすめられ，1889年に全線が開通した．同時期に，全国各地で私鉄による鉄道の開設がすすめられたが，1906年の鉄道国有法により，主要な私鉄路線が国有化された．国有化された私鉄路線の多くは，全国的な鉄道ネットワークに含まれる部分であり，それ以外，すなわち都市圏レベルや地方レベルで完結する路線は国有化されなかった．

当時の国鉄の駅は，通常，既成市街地を避けて設置されたため，設置当初は都市的施設がほとんど立地していなかった例も多い（図7-1）．しかし，その後は路面電車や路線バスの発着点となり，都市内交通の拠点として発展していくことになる．それだけでなく，長距離輸送を担う鉄道駅でもあるため，他地域からの玄関口としての機能も果たすようになる．つまり，都

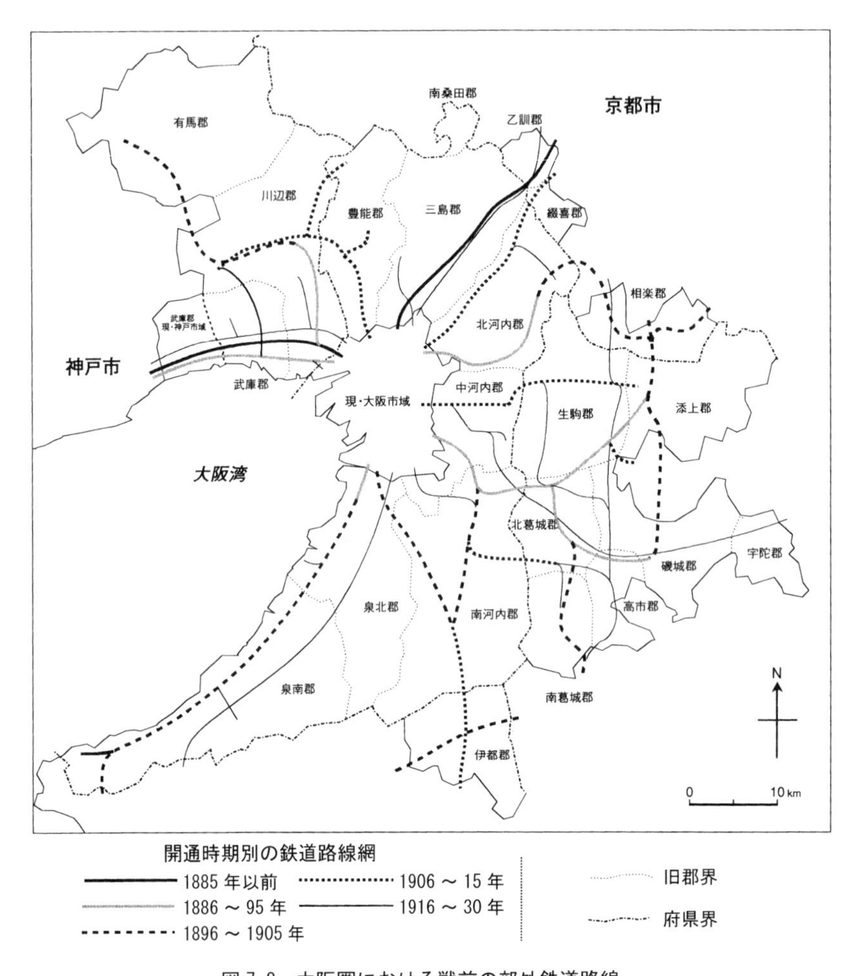

図 7-8　大阪圏における戦前の郊外鉄道路線
（石川雄一『郊外からみた都市圏空間－郊外化・多核化のゆくえ』海青社，2008年）

市内交通のみならず都市間交通の拠点としての発展もみられた．

主要都市では，国鉄の駅に隣接して私鉄が駅を設置し，郊外へ向けて路線を開設した．図7-8は，戦前における大阪市とその周辺地域における鉄道路線を示したものであるが，大阪市内から周辺地域へと放射状に鉄道路線がのびているのがわかる．この鉄道網は，現在のものとほぼ同じであり，大阪圏の鉄道網が20世紀初頭の段階ですでに形成されていたといえる．大阪市から郊外へとのびる私鉄路線の多くは，大都市で働く人々の通勤路線としての性格を強め，大阪市側の鉄道駅（梅田，難波，天王寺，京橋など）は巨大なターミナルへと成長していった．

b. 路面電車

路面電車は，戦前から1960年代頃までの主要交通機関であった．特に中規模以上の多くの都市において路面電車が運行されていた．日本で最初に路面電車の営業運行が開始されたのは1895年の京都市である．それまでの主要交通機関であった人力車や馬車鉄道などに比べると，速達性，輸送量や衛生の面で非常に優れており，主要都市中心部においては瞬く間に路面電車

図 7-9　メルボルンの路面電車（筆者撮影）

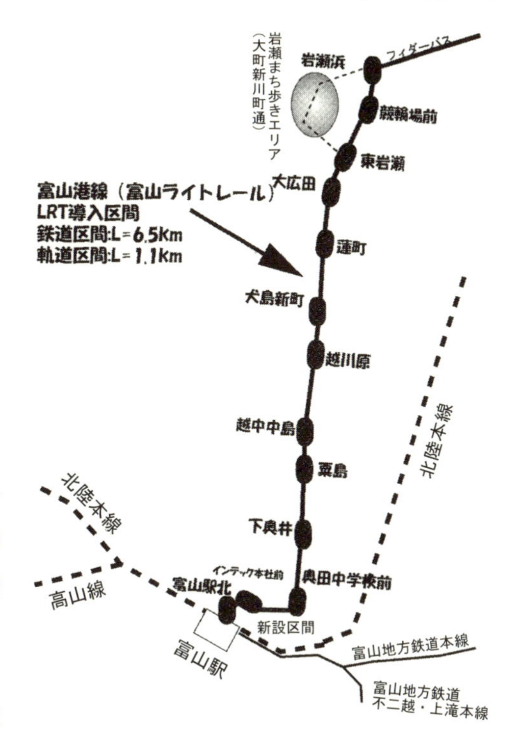

図 7-10　富山ライトレール路線図
（近畿都市学会編『21 世紀の都市像－地域を活かすまちづくり』古今書院，2008 年，をもとに作成）

が運行されるようになった．

しかし，1960 年代頃からすすんだモータリゼーションにより，路面電車が走る市街地内に自動車があふれるようになった．これにともない渋滞の発生が深刻化したため，速達性を維持することが困難になってきた．挙げ句の果てには，自動車の速やかな走行のためには路面電車は不要との意見もあらわれるようになった．このような流れの中で，路面電車は急速に姿を消していくことになる．

日本における路面電車の路線延長は，最も長かった 1932 年には 1,479km に及んでいた．その後 30 年間はこの数字に大きな変化はなく，1960 年時点でも 1,250km を維持していた．しかし，1970 年には 662km と，1960 年代の 10 年間で半減した（實，2004）．路面電車の急激な減少の背景には，モータリゼーションのほか，大都市自治体が，路面電車から地下鉄へと都市内の主要交通機関をシフトさせていったことも挙げられる．このこと自体もモータリゼーションへの対応策の一つといえる．こうして，地上は自動車および乗合バス（路線バス），地下は地下鉄というすみわけがなされるようになったことで，路面電車の必要性は低下していった．

しかし，近年になって路面電車が再評価されるようになっているのも事実である．世界的にみると，路面電車を維持している都市は多い．例えば，オーストラリアのメルボルン（図 7-9）は，人口 450 万の巨大都市であるが，路面電車が廃止されるどころか，都心に路線網が密に形成され，近郊への放射状路線も充実している．さらに，路面電車の利便性を活かすため，郊外から都心への自動車の乗り入れを制限し，歩行者と公共交通のみの空間であるトランジットモールを実現している．こうした取り組みが，中心市街地の再生にも寄与している．

先述の通り，日本の大都市においては路面電車が消滅していったが，一部の中規模自治体の中には，路面電車の整備を軸とした中心市街地の再生に取り組む事例も出てきている．その代表例として富山市が挙げられる．全国の県庁所在都市の中でも自動車保有率が高い富山市は，自動車利用を前提とした拡散型の市街地が形成され，中心市街地の衰退が課題となってい

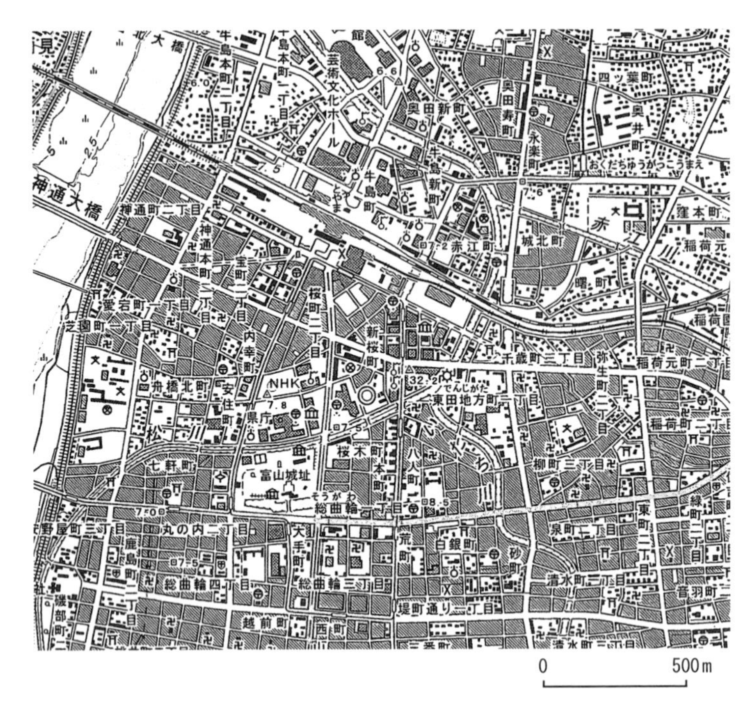

図 7-11　富山市中心部（25000 分 1 地形図「富山」2010 年更新）

た．こうした中で誕生したのが，日本で最初の LRT として名高い富山ライトレールである（図 7-10）．

北陸新幹線の開業にあわせ連続立体交差事業（高架化）をすすめるにあたり，乗客の少ない JR 富山港線は，高架化せず廃止する案，バスに代替する案，路面電車化する案などが候補として挙げられた．そうした中，富山市では，公共交通を軸とした中心市街地の再生を目指し，路面電車を導入する方針を打ち出した．従来型の路面電車ではなく，低騒音で床が低く，欧米で普及する LRT としての導入であった．その後，富山市，商工会議所，地元企業の出資による第三セクターとして富山ライトレールが設立され，2006 年に開業した．松原（2016）によれば，開業以前の JR 富山港線時代（2005 年度）と比較して，2011 年度の利用者は平日約 2.1 倍，休日約 3.6 倍に増加した．さらに，自動車利用者の約 11.5％が公共交通に転換するなどにより，CO_2 排出量が年間 436t 削減されたという．

富山市には，富山駅の南側を走る路面電車（富山地方鉄道富山軌道線）も存在する（図 7-11）．こちらは戦前から存在する路面電車であるが，モータリゼーションなどにともない，1970 年代以降になると廃止される路線が相次いだ．しかし，2000 年代に入ると，富山市による公共交通を軸とした中心市街地再生政策を受けて，新設された富山ライトレールとともに富山地方鉄道富山軌道線の重要性も高まることになった．2009 年には，中心市街地の回遊性を高めるため，富山市中心部を走る路線を環状化した．2020 年には，富山ライトレールと富山地方鉄道富山軌道線の両停留場を富山駅高架下でつなぎ直通運行を行うようになり，富山駅によって分断されていた南北の市街地が路面電車によってつながった．また，それにあわせて富山ライトレールと富山地方鉄道は合併して一つになった．

c．路線バス

冒頭で述べたように，路線バスは，建設コストや事業運営コストが少なくて済むため，小規模都市においても導入されている．日本における路線バスは20世紀に入ってはじまったが，大都市の場合は，すでに19世紀末から鉄道，馬車鉄道，人力車，路面電車などが先行して営業をはじめていたため，バス事業者の入り込む余地は大きくはなかった．そのため，バス事業は地方において先に成立した（鈴木，2013）．

1930年代に入ると，戦時下の燃料統制により，バス事業者，輸送人員ともに大幅に減少し，終戦直後までは低迷が続いた．戦後復興から高度経済成長期にさしかかる1950年代から1960年代になると，バス輸送が復活，成長していくものの，1960年代半ばから1970年代初期にかけては横ばい，1970年代後半からは減少していった（図7-12）．なお，すでに1960年代に大幅な衰退がみられた路面電車（實，2004）に比べれば，衰退の程度は緩やかであった．

路線バスに大きなインパクトをもたらしたのは，2002年の規制緩和である．路線バス事業への参入については，路線ごとの免許制から事業ごとの許可制へ，バス事業からの退出については，許可制から事前届出制へと変更された．つまり，参入，退出いずれも容易になったのである．

新たな事業者の参入は，既存の事業者からすれば，それまでの地域独占状態が崩されることになるわけであり，何らかの対応が必要となる．京都市においては，2002年の規制緩和を契機として複数の民間バス事業者の参入表明がなされた．これに対し，既存バス事業者である京都市営バスは，京都市の都心を100円で乗れる循環バス路線を新たに設置したり，均一運賃区間内すべてを乗り放題にする定期券を発売したりするなど，新規参入事業者への対抗策をとった．こうした施策は，路線バス利用者にとってはサービス向上につながるものである．

一方，サービス向上面のみならず，京都市営バスは，新規参入に備え，運行地域や営業所の廃止・縮小，運行の委託（管理の受委託）を行うなどして，不採算な路線のコスト削減を図っ

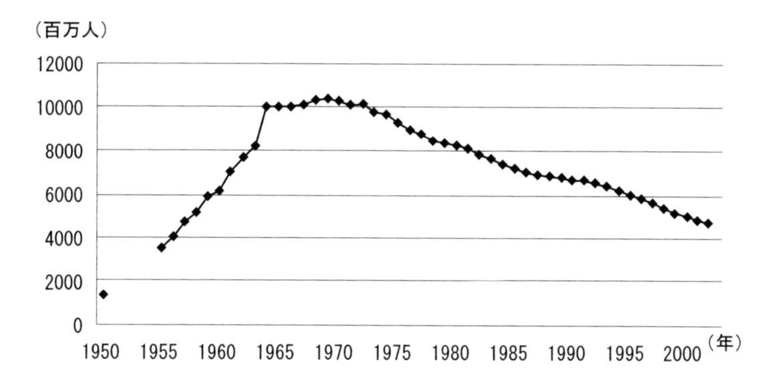

図7-12　バス輸送人員の推移
（高橋愛典『地域交通政策の新展開－バス輸送をめぐる公・共・民のパートナーシップ』白桃書房，2006年）

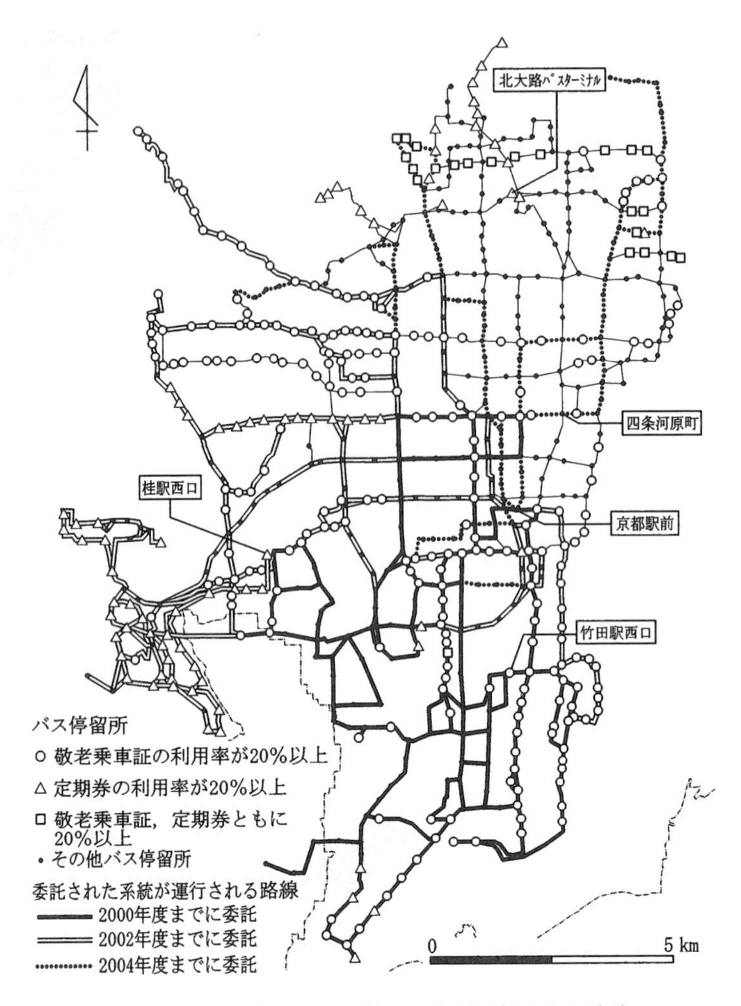

図 7-13　京都市バスにおける管理の受委託が行われた路線
（井上　学「規制緩和に伴う新規参入事業者と公営バス事業者の対応－京都市を事例として」地理学評論 79-8，2006 年）

た（井上，2006）．管理の受委託とは，委託する側（ここでは京都市営バス）の路線について，運転業務，運行管理業務および整備管理業務を一体的に他バス事業者に委託することをいう（ただし，運行責任，車両および収入は委託者に帰属し，委託先には，委託に要する経費を支払う）．京都市営バスでは，最も不採算な地域から管理の受委託が開始された（図 7-13）．

不採算の路線バスの廃止・縮小が特に顕著であったのは，地方の小規模都市である．もともと人口が少なく交通需要が少ない上，少子高齢化により人口減少がすすんだ地域では，バス路線の廃止・縮小は避けられない．2002 年の規制緩和がこうした動きに拍車をかけた．この結果，公共交通の空白地域が全国的に出現するようになってきた．このような地域でコミュニティバスを運行する自治体が増加してきた．

コミュニティバスに明確な定義はないが，鈴木（2013）は，実態に照らして「市町村が何らかの形で関わり」「既存の交通機関で対応できなかった小規模需要をカバーし」「何らかの財政支援を背景とし」「社会的なサービスと位置づけられた」乗合バスサービスとしている．大都

表 7-1　デマンド交通「愛・あい号」の概要

運行区域	総和・三和地区内および茨城西南医療センター病院（境町）
利用対象者	総和・三和地区に居住する市民で利用者登録した人
運行車両	8台（ワゴン車6台・セダン車2台）で配車
利用時間	平日の8時～17時の毎時1本（予約受付は7時30分～16時30分）
利用料金	1回利用ごとに大人300円・小人100円，3歳未満無料（茨城西南医療センター利用は500円）
運行委託先	古河市商工会
受託交通事業者	市内の3タクシー事業者

（松崎朱芳『都市における乗合旅客自動車輸送』晃洋書房，2016年，をもとに作成）
・毎時定まった時刻に沿って，出発地から目的地まで戸口間輸送を行う定時不定路線で運行する．そのためバス停等の通常の乗合バスで必要となる地上付帯設備はない．
・利用する際に基本情報（名前．住所等）を登録し．利用の際に登録情報を伝えたうえで配車する．
・8台の車両をITシステムにより移動区間から移動ルートの短縮が図れるように路線を設定し，それぞれの路線に応じて8台が運用される．また運用されない車両は古河市商工会で待機する．
・予約は出発時刻の1時間前までで，8時発の便は前日までに古河市商工会に予約する．

市周辺の住宅地内の狭い道のように，大型路線バスが走行できない部分をコミュニティバスが補完するというものもあるが，こうした事例は少数派であり，大半のコミュニティバスは，地方の小規模都市において運営されている．交通需要が小さく路線バスが運行されない地域の，特に高齢者にとっては，コミュニティバスは貴重な生活の足となっている．

しかし，コミュニティバスが走行する路線は，そもそも民間バス事業者では採算がとれないために走行していなかった（あるいは廃止された）路線であるため，コミュニティバスを走行させたとしても経営は厳しい．それゆえ，自治体による財政支援にも限界がある．こうした状況下で，デマンド交通の重要性が高まっている．デマンド交通とは，利用者の需要（デマンド）に応じて運行ルートや運行時間が設定される公共交通の一形態である．コミュニティバスの場合，乗客の乗っていないバスが走行していることも多々あるが，その場合でもバスの燃料代や運転手の人件費は発生するわけであり，非効率的な財政支出として問題視されることもある．これに対し，デマンド交通では，交通需要の少ない地域でも対応できるよう自家用車程度の車両を用いて利用者の需要に応じて運行するため，受給の差が小さいことが特長である（松崎，2016）．

具体的な事例については，茨城県古河市を取り上げる（松崎，2016）．デマンド交通が導入される以前の古河市には，民間事業者の路線バスとコミュニティバスが存在していた．これら路線バス，コミュニティバスの運行されている地区（古河市中心部）とそうでない地区との間の交通サービス水準の格差是正もあり，デマンド交通が導入されることになった．導入された地区は，古河市の中では周辺地域に位置しており，コミュニティバスを走行させるには非効率な地域である．輸送は，古河市内のタクシー事業者に委託されている．利用者は，あらかじめ利用登録を行った上で予約をし，それに応じて輸送受託事業者が目的地まで輸送する（表7-1）．このように，民間事業者だけでは行き届かない都市の隅々までアプローチする手法が試みられている．

d. 新しい交通機関

高度経済成長期以降，ますます増加する交通需要に対し，公共交通の整備も必要とされた．しかし，地下鉄を建設するには多大なコストがかかる．かといって路線バスを充実させようとすれば，自動車の普及にともなう渋滞により定時性を確保することも困難である．こうした中で登場したのが新交通システムである．一般的には，高架上の専用軌道をゴムタイヤ車輪付の車両を走行させるものが該当する．

新交通システムは，高架上に設置されるため，バスのように自動車渋滞に巻き込まれることがなく，定時性の確保が可能になる．また，建設にかかるコストも地下鉄に比べると低いため（表7-2），バスでは物足りないが，地下鉄を建設するほどの交通需要がない都市や地域において採用される傾向がある．

大阪メトロ（旧大阪市営地下鉄）の南港ポートタウン線は，住之江公園駅からコスモスクエア駅までを走行する新交通システムである（図 7-14）．1970 年代に，大阪南港の人工島である咲洲に住宅団地（南港ポートタウン，計画戸数 1 万戸）の建設が計画された．この住宅団地の住民を輸送する手段として計画されたのが，南港ポートタウン線である．大規模住宅団地とはいえ，孤立した人工島に居住する 1 万戸の人々の輸送が中心のため，地下鉄を建設することは困難であった．そこで，新交通システムの導入が図られた．住宅団地である南港ポートタウンの街開き（1977 年）に続き，1981 年にこの路線が開業した（開業時は，中ふ頭駅－住之江公園駅間）．南港ポートタウンの人口は，少子高齢化により 1990 年の 3 万 236 人をピークに減少し，2015 年時点では 2 万 868 人となっている（咲洲ウェルネスタウン計画 ver.1.1 より）．一方で，大規模複合施設，公共施設，ホテル等の進出もあり，居住者以外の輸送という側面を持つようになっている．

新交通システムと路線バスを組み合わせたタイプのものとして，ガイドウェイバスがある．専用軌道では案内輪が突き出して自動運転が可能となり，地上では案内輪が格納され，路線バ

表 7-2　各種交通システムの比較

	地下鉄（普通鉄道）	地下鉄（小型鉄道）	モノレール	新交通システム	HSST	ガイドウェイバス	路面電車	LRT
輸送力（千人 / 時）	27 ～ 68	18 ～ 36	9 ～ 28	11 ～ 16	11 ～ 22	2 ～ 10	2 ～ 7	4 ～ 14
最高速度（km / h）	76	70	69	60	100	60	40	60 ～ 120
建設費（億円 / km）	200 ～ 300		120	90	120	60	20 ～ 30	20 ～ 80

（一般財団法人運輸総合研究所 HP をもとに作成）
路面電車の最高速度は併用軌道．
LRT の最高速度と建設費は海外導入実績．
※対象路線：
地下鉄（普通鉄道）: 6 事業者 10 路線　札幌市交通局（東西線等）仙台市交通局（南北線）等
地下鉄（小型鉄道）: 3 事業者 3 路線　大阪市交通局（長堀鶴見緑地線）神戸市交通局（湾岸線）等
モノレール : 7 事業者 9 路線　東京モノレール（羽田線）多摩都市モノレール（多摩都市モノレール線）等
新交通システム : 8 事業者 9 路線　ゆりかもめ（東京臨海新交通臨海線）埼玉新都市交通（伊奈線）等
HSST : 1 事業者 1 路線　愛知高速交通（東部丘陵線）
ガイドウェイバス : 1 事業者 1 路線　名古屋ガイドウェイバス（志段味線）
路面電車 : 7 事業者 7 路線　札幌市交通局（一条・山鼻軌道線）京福電鉄（嵐山軌道線）等

図 7-14　大阪メトロ・南港ポートタウン線（背後の住宅は南港ポートタウン）（筆者撮影）

図 7-15　名古屋ガイドウェイバス（ゆとりーとライン）（筆者撮影）

スと同様に運転手によって運行される．交通混雑の激しい区間を専用軌道とし，それ以外を通常のバスとすることにより，定時性を確保しつつ建設コストを抑えることができる．

日本においてガイドウェイバスが唯一導入されているのは，名古屋市の大曽根駅を起点とする名古屋ガイドウェイバス（通称「ゆとりーとライン」）である（図 7-15）．この地域は，地下鉄を含め鉄道交通が存在していないうえ，道路交通では，河川を越える橋梁部や，名鉄瀬戸線の踏切の前後で渋滞が著しいなど，交通交雑の激しいところであった．また，名古屋市は，この地区においてヒューマン・サイエンス・タウン建設をすすめており，そこへのアクセスのためにも新たな公共交通の必要性は高かった．

そこで，導入すべき交通システムが検討された結果，ガイドウェイバスであれば，交通混雑の特に激しい部分（大曽根－小幡緑地）を専用軌道によってカバーし，それ以外の部分は通常のバス路線とすることにより，交通混雑の解消と建設コスト抑制が可能と判断された（名古屋ガイドウェイバス株式会社，2004）．

[参考文献]

石川雄一『郊外からみた都市圏空間－郊外化・多核化のゆくえ』海青社，2008 年
井上　学「規制緩和に伴う新規参入事業者と公営バス事業者の対応－京都市を事例として」地理学評論 79-8，2006 年
近畿都市学会編『21 世紀の都市像－地域を活かすまちづくり』古今書院，2008 年
實　清隆『都市計画へのアプローチ－市民が主役のまちづくり』古今書院，2004 年
鈴木文彦『日本のバス－ 100 余年のあゆみとこれから』鉄道ジャーナル社，2013 年
高橋愛典『地域交通政策の新展開－バス輸送をめぐる公・共・民のパートナーシップ』白桃書房，2006 年
名古屋ガイドウェイバス株式会社『ガイドウェイバス志段見線建設記録』名古屋ガイドウェイバス株式会社，2004 年
名古屋大都市圏研究会編『図説名古屋圏』古今書院，1993 年
藤澤茂弘『不屈の男－名古屋財界の怪物山田才吉』ブックショップマイタウン，2013 年
松崎朱芳『都市における乗合旅客自動車輸送』晃洋書房，2016 年
松原光也「民官学連携による公共交通支援策への活用」（戸所　隆編著『歩いて暮らせるコンパクトなまちづくり』古今書院，2016 年）

8章　都市のエスニック集団

1. 都市の中のエスニック集団の集住

図8-1は，3章で示したバージェスの同心円地帯モデル（図3-1）を詳しく示したものである．ここからもわかるように，遷移地帯や労働者住宅地帯といった都心周辺部には，エスニックマイノリティの集住地区が形成されている．シカゴをはじめ，アメリカ合衆国の大都市においてこのような集住地区が形成されることは珍しいことではない．

エスニックマイノリティが集住する理由として，「防衛」，「回避」，「保存」，「攻撃」が挙げられる．「防衛」は，マジョリティによる差別から身を守ること，「回避」は，外部社会との接触を避け内部社会のシェルターの中で生きていくこと，「保存」は，民族の伝統を守るために外部世界との接触を断つこと，そして「攻撃」は，マイノリティの集住地区が社会的，政治的行動の拠点となることを意味する（林，2003）．これらの理由から，エスニックマイノリティは，集住することによってマジョリティの社会の中で自分たちの生活を確立してきたといえる．

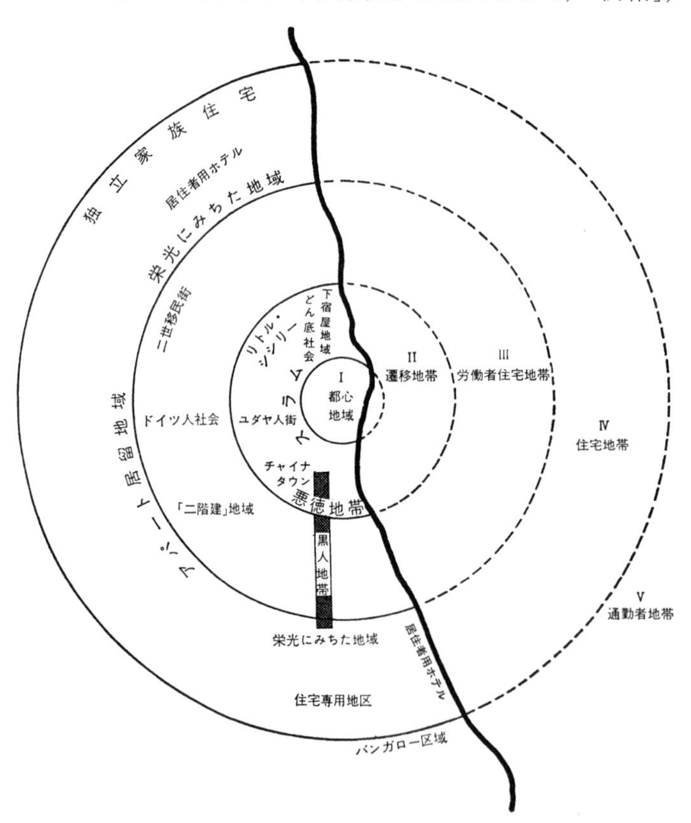

図8-1　バージェスの同心円地帯モデル
（R.E. パーク・E.W. バーゼス・R.D. マッケンジー著，大道安次郎・倉田和四生訳『都市：人間生態学とコミュニティ論』鹿島出版会，1972年）

2. 日本における外国人居住者の増加

日本における在留外国人の推移（図 8-2）をみると，1980 年代前半まではほとんど変化はなく，1990 年前後になってから大きな変化を経験してきたことがわかる．戦後から 1980 年代半ばまで，在日外国人の大半は韓国・朝鮮の人々であった．戦前の日本統治時代に朝鮮半島から日本へ移住してきた人々やその子孫がこれに相当し，オールドカマーと呼ばれている．1980 年代に入ると，新たに韓国から日本へ移住するニューカマーもみられるようになったが，後述するように，オールドカマーとは異なる集住地区を形成した．

在日外国人数が本格的に増加しはじめるのは 1990 年前後からである．バブル経済期に労働力需要が高まった日本国内の企業（特に製造業）では，労働力不足を補うために外国人労働力に目を向けるようになった．ただし日本は，単純労働としての外国人の受け入れを原則として認めていない．そこで，外国人技能実習制度を創設したり（1993 年），日系人に対して日本での活動制限のない在留資格を付与したりする（1990 年）などして，原則を維持しつつ外国人単純労働力の受け入れを行うようになった．

外国人技能実習制度とは，日本の高度技術を発展途上国の人々に教え，当該国の発展に貢献することを目的とする制度である．しかし実際には，不足する労働力の埋め合わせに活用されている点も否めない．当初，この制度に基づいて，中国の人々が数多く来日した．2010 年代に入ってからは，中国に加え，ベトナムからもこの制度を利用した来日が増加している．

日系人は，戦前における日本から南米への大量移住を反映し，南米，特にブラジル国内に多数居住している．これらの日系二世，三世とその家族が，出入国管理及び難民認定法（入管法）が改正された 1990 年以降，単純労働力として来日するようになった．しかし，2008 年に起きたリーマンショック後，本国であるブラジルに帰国する人々が増加している．

そのほか，留学生として来日する外国人も急増している．この背景には，1990 年代後半以降，留学生の就労条件が緩和されたことがある．近年は，中国と並びベトナムからの留学生の流入

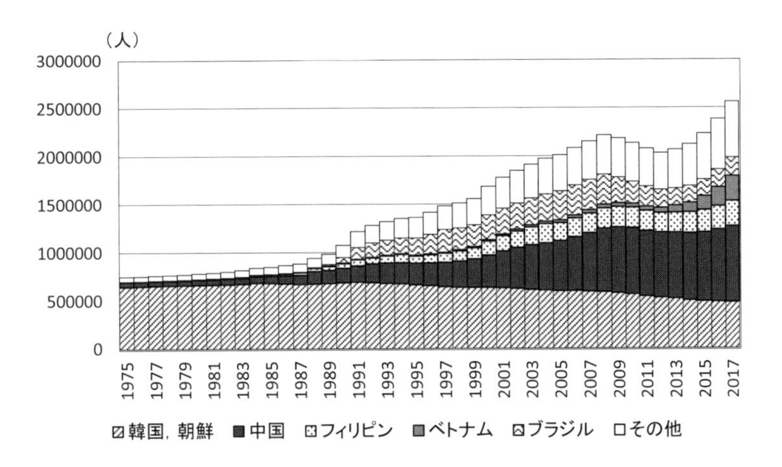

図 8-2　国籍別の在留外国人数の推移
（「在留外国人統計（旧登録外国人統計）」をもとに作成）

が顕著である．2010 年代に入ってからのベトナム人の急増（図 8-2）には，技能実習生や留学生の増加が背景にある．

上述した国々とは異なる性格を持つのがフィリピンである．フィリピンから日本への流入の特徴として，女性の割合が高いことが挙げられる．1980 年代に，過疎化のすすむ日本の農山村にフィリピン人女性が嫁ぐケースがみられるようになった．また，「興行」の在留資格を得たフィリピン人女性の来日も増加した．これは，フィリピン・パブで演者として従事するタイプが代表的であった（阿部，2003）．2005 年に興行ビザ取得が厳格化されたことにともない，この在留資格で来日する数は減少している．一方，近年では，日本人男性と結婚したフィリピン人女性がフィリピンから子どもを呼び寄せたり，日本国籍を取得した子どもが来日したりするケースも増加している．そのほか，日系ブラジル人と同様，戦前に日本からフィリピンに移住した人々の子孫が日系フィリピン人として流入するケースもみられる．

3．国籍別にみた集住地区の特徴

a．都道府県別にみる集住の特徴

ここでは，主要な外国人のうち，戦前からの居住の歴史を持つ韓国・朝鮮，最大の外国人人口を誇る中国，日系人の多いブラジルの 3 つを取り上げる．まず，分布の特徴をみると（図 8-3）．中国人は，東京都を中心とする首都圏への集中度が高いことがわかる．韓国・朝鮮人は，大阪をはじめとする関西圏において割合が高くなっている．これは，朝鮮統治時代からの歴史的経緯が関係しているが，特に大阪の場合は，1920 年代に済州島と大阪を結ぶ直通航路が開設されたことが大きい．ブラジル人は，東海地方や北関東において割合が高い．これらの地域は製造業が盛んな地域であり，当地域の工場において日系ブラジル人が大量に雇用されていることを反映したものと考えることができる．

b．韓国・朝鮮

日本最大の韓国・朝鮮人の集住地として知られているのが大阪市生野区鶴橋周辺である．この地区は，オールドカマーの集積が顕著であり，後に述べる新大久保に比べると歴史は深い．日本による朝鮮統治以降，朝鮮半島から日本内地，特に大阪へ渡航する人々は急増した．朝鮮統治初期の段階では，現在の鶴橋周辺への集積はすすんでいなかったが，1920 年代に入り集住がみられるようになった（図 8-4，左の図）．とはいえ，淀川南岸や大阪市西南部においても人口規模は大きかった．現在のように鶴橋周辺に特化するようになったのは，終戦直後のことである．

鶴橋周辺には，戦前に自営業を営む韓国・朝鮮人が多く存在していたが，戦後は多くの人々が朝鮮半島への帰還を望んだ．しかし，帰還するにあたり，朝鮮半島へ持ち出せる荷物や貨幣が制限されることになった．このため，自営業によって資産を蓄えてきた鶴橋周辺の人々の中には，帰還をあきらめ日本にとどまることを選択する人々も多くいたと考えられる（福本，2004）．こうして，鶴橋周辺に在日韓国・朝鮮人居住者が特化するようになった（図 8-4，右の図）．

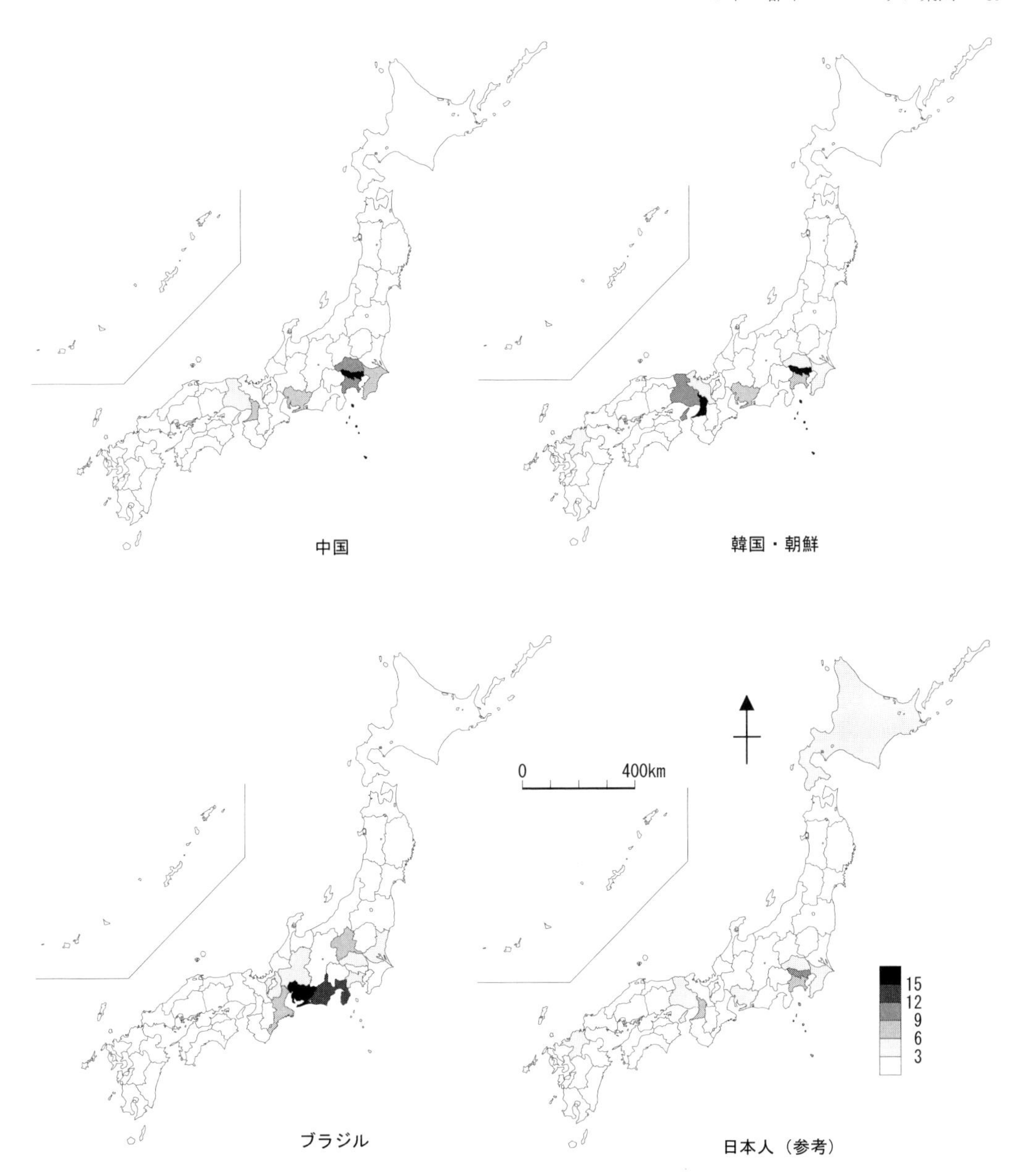

図 8-3　国籍別の外国人居住者割合（「2017 年在留外国人統計」をもとに作成）

東京の新大久保は，ニューカマーのコリアタウンとして知られるようになった代表的な地区である．新大久保がコリアタウンとしての性格を帯びるようになるのは 1980 年代以降である．それまでの歴史を振り返ると，1950 年代に入って木造アパートの建築がすすみ，すぐ南側に位置する歌舞伎町で働く人々の住宅地としての性格を持つようになった．1980 年代以降になると，韓国人ニューカマーが増加していくが，その背景として，韓国の観光目的の旅券発行緩和（1983 年），海外旅行自由化措置（1989 年），アジア金融危機（1997 年）などのプッシュ要因が挙げられる（金，2016）．

ただし，1990 年代までは韓国系に特化していたわけではなく，中国系も多く存在した（山

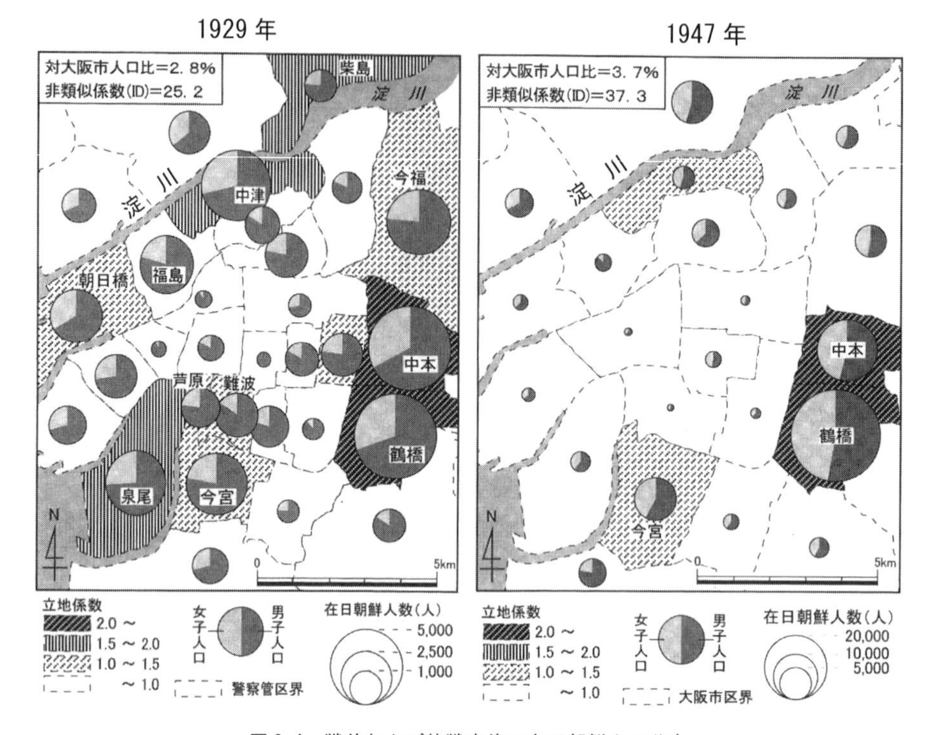

図 8-4　戦前および終戦直後の在日朝鮮人の分布
（福本　拓「1920 年代から 1950 年代初頭の大阪市における在日朝鮮人集住地の変遷」人文地理 56-2，2004 年，をもとに作成）

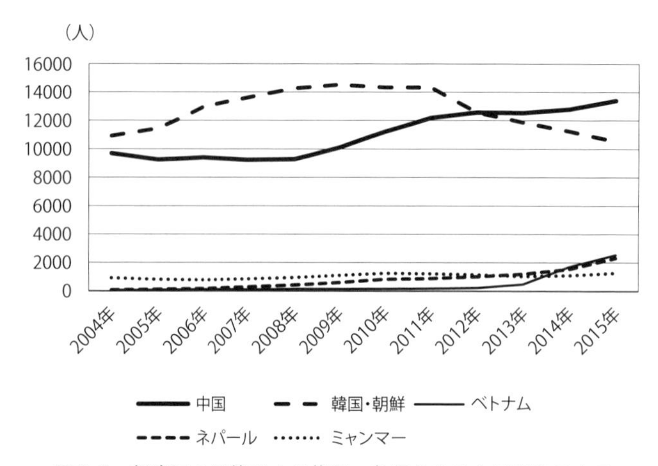

図 8-5　新宿区の国籍別人口推移，各年の 2 月 1 日現在の人口
（箕曲在弘・鈴木琢磨「新大久保地区における在留外国人住民の多国籍化－都市部の多文化共生を考える前に」東洋大学社会学部紀要 55-2，2018 年，および新宿区の住民基本台帳人口データをもとに作成）

下清海・秋田大学地理学研究室学生，1997）．2000 年代に入って，日韓共催ワールドカップやその後の韓流ブームにより，コリアタウンとしての性格が強まった．新大久保のある新宿区の人口をみると（図 8-5），2004 年には中国と韓国・朝鮮は同程度であったが，コリアタウンの成長と軌を一にするように，2000 年代後半に韓国・朝鮮人の人口が急増している．新大久保地区におけるコリア系のエスニック・ビジネスは，当初は同胞顧客への近接性を重視した立地戦略をとっていたが，日本における韓流ブーム以降，日本人顧客に向けたエスニック財を扱うようになっていった（金，2016）．

その後，2010 年代に入ると性格が変わっていく．新宿区では，韓国・朝鮮人は 2009 年をピークに減少傾向であり，再び中国人の増加が目立つようになっている．さらに，2013 年頃からはネパール人，ベトナム人が急増している．このことを反映するように，新大久保地区は，コ

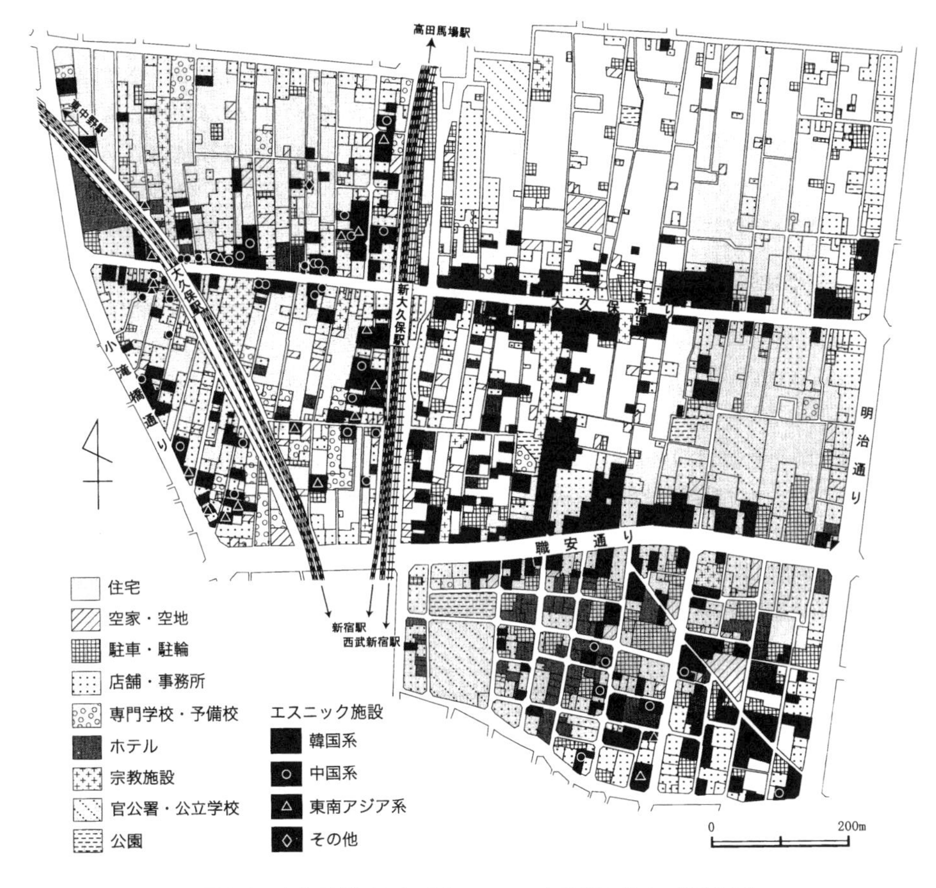

図 8-6　大久保地区におけるエスニック施設の分布（2013 年）
（金延景「東京都新宿区大久保地区における韓国系ビジネスの機能変容－経営者のエスニック戦略に着目して」地理学評論 89-4，2016 年）

リア系を中心としつつも，多様な国の店舗が集積する多国籍街の様相を呈するようになっている（図 8-6）.

c. 中国

日本におけるチャイナタウンは，オールドカマー（老華僑）によって形成された地区とニューカマー（新華僑）によって形成された地区に分けられる．前者の代表例は，日本三大中華街に数えられる横浜中華街，神戸南京町，長崎新地中華街であり，後者の代表例としては，東京都の池袋駅北口（現在は池袋駅西口（北）に名称変更）周辺や埼玉県川口市の西川口駅周辺が代表的である．これらのうち，以下では横浜中華街と池袋駅北口周辺を取り上げる.

横浜中華街（図 8-7）は，日本最大の中華街であると同時に世界最大級の中華街でもある．横浜の観光客であれば必ずと言っていいほど訪れる有力な観光地として知られている．横浜中華街の発展の出発点は，幕末に結ばれた日米修好通商条約にある．アメリカ合衆国に続き，イギリス，フランス，オランダ，ロシアとも同様の条約が結ばれることになるが，この条約により，日本は函館，新潟，神奈川（横浜），兵庫（神戸），長崎を開港し，居留地を設定すること

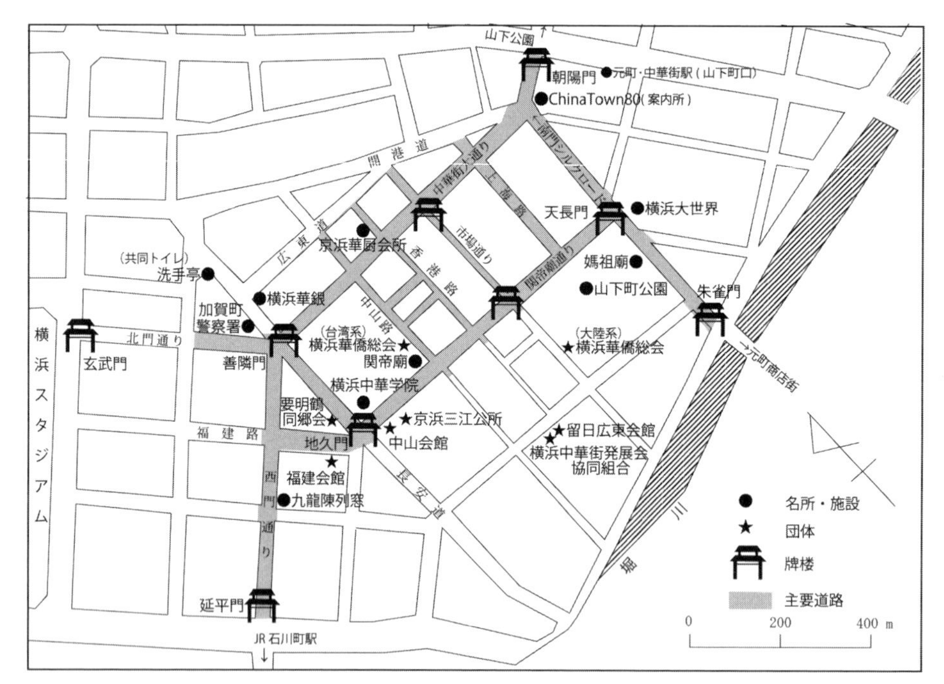

図 8-7 横浜中華街の概要図

（齋藤 譲司・市川 康夫・山下 清海「横浜における外国人居留地および中華街の変容」地理空間 4-1，2011 年）

が決定された．この中でも最初に開港されたのが横浜である．

これを契機として，欧米商人が横浜に流入するが，彼らの多くは中国人を伴って日本にやってきた．開港当初，日本人は外国人との交渉に慣れていなかったため，欧米商人は，同じ漢字文化圏にある中国人を仲介役として交渉にあたらせたのである．欧米商人は，設定された外国人居留地内で居住し商売を行うことが認められていた一方，当初日本との間で条約が締結されていなかった中国人は居留地内にとどまることはできなかった．しかし，欧米商人にとって中国人の存在は不可欠なものであったため，特別な規則を設けて中国人の居留地内での居住，商売が認められるようになった．これにより形成された中国人地区（華僑区）が，現在の中華街である．

戦前までの中華街は，現在のような中華料理店が集積する地区ではなかった．貿易商，卸小売，保険・金融，製造業をはじめ，多種多様な業種が集積するエリアであった（横浜開港資料館編，1998）．戦後，米兵やその家族が中華街を利用するようになるにつれて，徐々に中華料理店が増加していった．その後，高度経済成長，日中国交正常化（1972 年）により，横浜中華街は日本人観光客が主流の観光地となっていく（菅原，2007）．近年は，横浜中華街への新華僑の進出が著しく，老華僑をしのぐほどの成長をみせている．

続いて紹介する池袋駅北口周辺は，新華僑によって形成された地区であり，池袋チャイナタウンと呼ばれる．改革開放下の 1980 年代に，就学ビザによって中国人就学生が流入するようになったのがはじまりである．中国人就学生が池袋駅周辺を指向した背景として，近辺に日本語学校が数多く存在すること，飲食店が多く立地しアルバイト先に恵まれていること，駅周辺

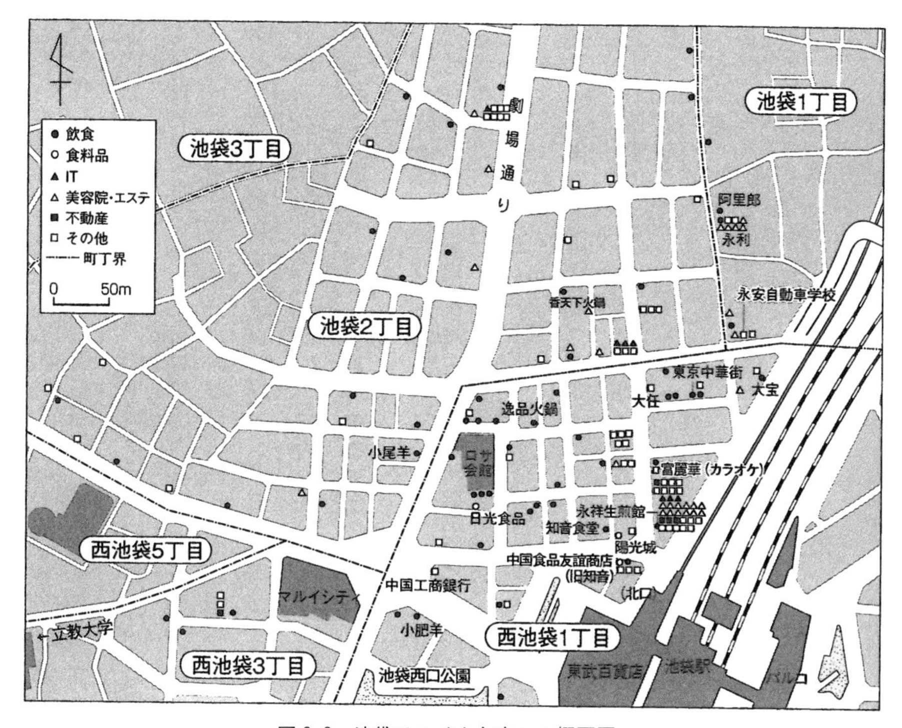

図 8-8　池袋チャイナタウンの概要図
（山下清海『新・中華街－世界各地で“華人社会”は変貌する』講談社，2016 年）

に格安の古いアパートが数多く存在していたことなどが挙げられる（山下，2010）．

山下（2016）によると，池袋チャイナタウンには，中華料理店のほか，旅行社，美容院・エステ，コンピュータ関連，不動産，行政書士・弁護士事務所など多様な店舗・オフィスが立地している（図 8-8）．これらの多くは，観光客を対象としたものではなく，同胞向けであるという点が特徴である．この点が，横浜中華街をはじめとする老華僑によって形成された中華街と異なる点である．ただし，横浜中華街の場合も，形成当初は観光地として機能していたわけではなかった．先に取り上げた新大久保のコリアタウンが経験したように，同胞向けとして成長した後，日本人観光客を取り込んでさらに成長していく可能性も持っている．

d. ブラジル

1980 年代後半の日本では，好景気を背景に，製造業において労働力不足が深刻化した．1960 年代を中心とする高度経済成長期の労働力需要の高まりには，地方出身若年者の集団就職などによって対応してきた（山口，2016）のに対し，1980 年代後半には，若年者の製造業離れもあり，国内において労働力の確保が困難な状況にあった．日本は，原則として外国人による単純労働を認めていないが，労働力不足が深刻化する製造現場では，アジア諸国からの不法就労者を雇用する事例が増加していった．

こうした状況を打開すべく，1990 年に入管法が改正された．不法就労，不法滞在に対しては厳格な処分を下す一方，日系人を一般的な外国人とは区別し，単純労働に従事することを可

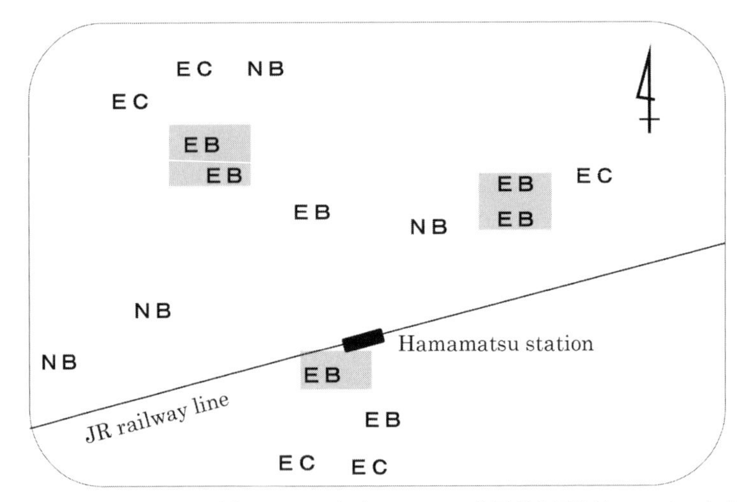

EB はエスニック・ビジネス，EC は当該エスニック集団顧客居住地，NB は日本店，
網かけ部分はブラジル系ビジネスの集積地を示す．

図 8-9　浜松市のエスニック・ビジネス（2013 年）
（片岡博美「エスニック・ビジネスの立地要因：コミュニティ研究から
経済地理学的研究へ」地理空間 8-2，2015 年）

能にしたのである．これにより，外国人による単純労働を認めないという原則を維持しつつ，労働力不足という現実的問題の解消が目指された．

これに対応して，大量の日系人人口を有するブラジルからの日系人の流入が増加した．先述の通り，ブラジル人は，東海地方や北関東など，製造業の発達した地域に居住する傾向がある（図 8-3）．中でも静岡県浜松市は，ブラジル人人口が日本最大であり，ブラジル人による集住地区も形成されている（図 8-9）．

浜松市において，入管法改正直後にブラジル人が増加したのは，浜松駅南側地区であった．入国管理局（現・出入国在留管理局），職業安定所などの施設がこの周辺に位置していたことが要因として挙げられる．浜松市の都心機能（オフィス，高次商業機能）が浜松駅の北側に集中しているのに対し，南側は「駅裏」とされ，浜松駅へのアクセスが良い割に地価が低かったことも背景にある．当初，男性による単身での移住という形態が主流であったが，日本での滞在期間が長くなるにつれ，本国から家族を呼び寄せたり新たに家族を形成したりするなどして，世帯規模が拡大した．こうした居住スペース拡大のニーズを浜松駅南側地区では満たすことができなくなり，徐々に郊外へと集住地区が移っていった（図 8-9）．自家用車を所有し，自家用車の利用を前提とした生活スタイルをとる人々が増加してきたことも，郊外居住増加を推し進めた一因である．

浜松市は，日本最大のブラジル人集積地であることから，エスニック・ビジネスも形成されている（図 8-9）．ブラジル人が増加しはじめた初期である 1990 年代前半は，同胞向けの小規模なエスニック・ビジネスが中心であった．しかし，1990 年代半ば頃になると，ブラジル人のさらなる増加や，単身から家族滞在へとシフトするのにともなって，エスニック・ビジネスも多様化していった．浜松駅南側地区のエスニック・ビジネスの中には，浜松市のみならず周辺自治体に居住するブラジル人も顧客として取り込むところも出てきた．さらに，同胞だけでなく日本人を顧客とするところもあらわれた（片岡，2007）．一方で，先述した郊外居住の増加により，エスニック・ビジネスは郊外方面へも広がりをみせるようになった（図 8-9）．

こうして拡大傾向を続けた浜松市のエスニック・ビジネスであるが，2000 年代になると飽和状態になり，閉鎖などの動きもみられるようになった．特に，2008 年のリーマンショック以降の帰国者の増加により，浜松市のエスニック・ビジネスも転換期を迎えているといえよう．

4．外国の都市における日本人集住地区

外国人が日本において集住するように，外国に居住する日本人も集住地区を形成している．戦前における日本からの移民を発祥とするものから，戦後における海外進出企業の駐在員によるコミュニティまで多種多様である．

特に規模が大きいのは，サンパウロのリベルダーデ地区である（図 8-10）．20 世紀初頭にはじまった日本からブラジルへの移住事業を契機として，ブラジルには数多くの日本人が移住した．戦後，日本人移民の多くは農園から大都市サンパウロへと進出するようになり，リベルダーデ地区に日本人街が形成された．日本食や日本の食材を取り扱う店舗が集中し，日系人のみならず，新たにブラジルに進出した日本企業の駐在員の日常生活を支える場としても機能するようになった．

図 8-10 サンパウロ・リベルダーデ地区
（筆者撮影）

しかし近年は，日系人の後継者不足の深刻化と中国系移民，韓国系移民の増加が相まって，日系人の割合は低下傾向にある．そのため，外観は日本食レストランであっても日系人以外が経営する店舗も増加している．

一方，戦後の日本企業の進出にともなって日本人街が形成された例として，ドイツのデュッセルドルフが挙げられる．戦前までは，ドイツに進出する日本企業の多くは商社であり，それらの企業におけるドイツ国内の拠点はハンブルクであった．しかし，日本の製造業企業のドイツ進出が増えてくるにつれ，港町のハンブルクよりも，ルール工業地帯の中心地であり，かつ鉄道，道路，航空の結節点でもあるデュッセルドルフが，ドイツにおける日本企業の拠点として選ばれるようになった．

日本人の増加にともない，デュッセルドルフのインマーマン通りには，日本人向けのビジネスが展開されるようになった（図 8-11）．これら

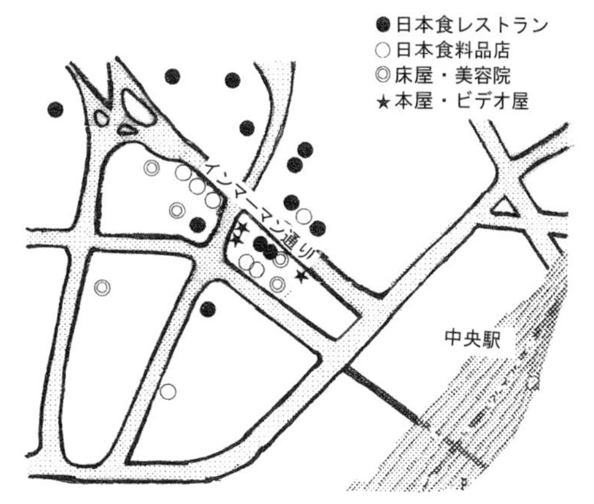

図 8-11 デュッセルドルフの日本人街の店舗
（北林陽児「日本企業の海外進出と日本人社会－デュッセルドルフのケーススタディ」資本と地域 3, 2006 年）

のビジネスは，主として日本企業によって運営されている（北林，2006）．日本食レストラン，日本食料品店，理美容，書店などが立地し，日常生活における日本人需要はほぼ満たされる状況にある．

［参考文献］

阿部亮吾「フィリピン・パブ空間の形成とエスニシティをめぐる表象の社会的構築－名古屋市栄ウォーク街を事例に」人文地理 55-4，2003 年
片岡博美「エスニック集団の都市流入と都市地域の再編」（林　上編著『現代都市地域の構造再編』原書房，2007 年）
片岡博美「エスニック・ビジネスの立地要因：コミュニティ研究から経済地理学的研究へ」地理空間 8-2，2015 年
北林陽児「日本企業の海外進出と日本人社会－デュッセルドルフのケーススタディ」資本と地域 3，2006 年
金延景「東京都新宿区大久保地区における韓国系ビジネスの機能変容－経営者のエスニック戦略に着目して」地理学評論 89-4，2016 年
齋藤 譲司・市川 康夫・山下 清海「横浜における外国人居留地および中華街の変容」地理空間 4-1，2011 年
菅原一孝「横浜中華街発展の歩み」日本食生活学会誌 18-2，2007 年
R.E. パーク・E.W. バーゼス・R.D. マッケンジー著，大道安次郎・倉田和四生訳『都市：人間生態学とコミュニティ論』鹿島研究所出版会，1972 年
林　上『現代都市地域論』大明堂，2003 年
福本　拓「1920 年代から 1950 年代初頭の大阪市における在日朝鮮人集住地の変遷」人文地理 56-2，2004 年
箕曲在弘・鈴木琢磨「新大久保地区における在留外国人住民の多国籍化－都市部の多文化共生を考える前に」東洋大学社会学部紀要 55-2，2018 年
山口　覚『集団就職とは何であったか－“金の卵”の時空間』ミネルヴァ書房，2016 年
山下清海・秋田大学地理学研究室学生「横浜中華街と大久保エスニックタウン－日本における新旧 2 つのエスニックタウン」秋大地理 44，1997 年
山下清海『池袋チャイナタウン－都内最大の新華僑街の実像に迫る』洋泉社，2010 年
山下清海『新・中華街－世界各地で“華人社会”は変貌する』講談社，2016 年
横浜開港資料館・横浜開港資料普及協会編『横浜中華街：開港から震災まで　落葉帰根から落地生根へ』横浜開港資料館，1994 年

9章　大都市圏構造

1. 大都市圏の形成

現在の都市住民にとっては，行政区域を越えた日常的な移動はごくありふれたものであり，特に大都市とその周辺地域の間では活発に移動が繰り返されている．このような，大都市，および大都市と日常的な移動によって結びついている周辺地域（郊外）を合わせて大都市圏と呼ぶ．基本的に大都市圏とは，雇用や消費機能に特化する大都市（大都市圏構造を考える場合には，中心都市と呼ぶことも多い）と，居住機能に特化する郊外によって把握される．

はじめに，このような大都市と郊外の機能分化がすすんでいった過程をみていく．江戸時代までは，都市とその周辺地域の間の日常的な人々の移動は少なかった．例えば，城下町に住む人々はその中で仕事をしていたし，城下町の外に住む人々は主に農作業に励んでいたと考えられる．この段階では，職住近接が一般的な生活スタイルであった．

明治時代になると，大都市において近代的な工業が発達した（5章）．この時期の工業は，公害や環境などに対する意識が乏しかったため，大気汚染，水質汚濁，悪臭などさまざまな問題を引き起こした．同時に，従事する労働者の生活環境も劣悪なものであった．こうした中，企業経営者など上流階級の人々が，環境の悪化した大都市を離れ，環境の良い周辺地域での生活をはじめるようになった．これが郊外居住のはじまりである．ただし,その居住スタイルは，常住というよりも別荘的な性格も持ち合わせていたと考えられる．20世紀に入ると，ホワイトカラー（中産階級）の人々においても郊外居住が可能となってきた．現在とは異なって，当時のホワイトカラーとは一部のエリートに相当する人々であるものの，郊外居住が徐々にサラリーマンにも手が届くようになってきたともいえる．こうして，大都市の周辺地域から大都市へ通勤する人々の流れが形成されはじめた（図9-1）．一方で，それ以外の労働者は，依然として劣悪な居住，生活環境の都市部にとどまらざるを得なかった（3章，10章）．

この時期における郊外居住の広がりに寄与したのが，鉄道会社（私鉄）であった．20世紀のはじめに設立された鉄道会社の多くは，安定した運賃収入を確保するためのさまざまな策を講じた．そうした策の一つが，郊外開発であった．鉄道沿線に住宅地を開発し，そこに都市住民を誘致することで，乗客数の増加をはかろうとするものであった．もちろん，鉄道会社以外による住宅地開発も数多くあったが，当時の住宅地開発の中心は鉄道会社が担っていた．例え

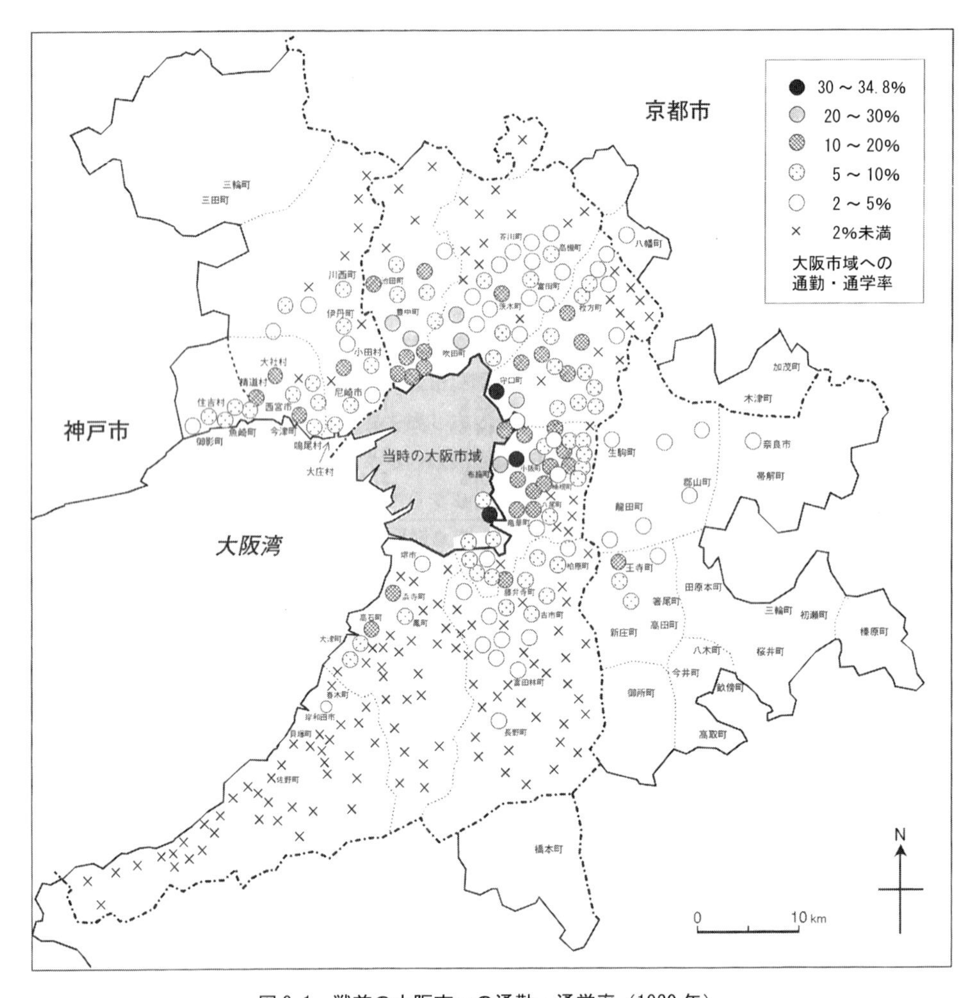

図 9-1　戦前の大阪市への通勤・通学率（1930 年）
（石川雄一『郊外からみた都市圏空間－郊外化・多核化のゆくえ』海青社，2008 年）

ば，大阪圏において戦前に開発された郊外住宅地のうち，面積比にして約半数が鉄道会社によるものであった（水内，1996）．特に，他の私鉄沿線に比べて沿線人口が十分でなく，有名寺社等の観光地に恵まれなかった阪急電鉄は，積極的に沿線開発を行った（松田，2004）．この阪急電鉄の郊外開発は，他の私鉄にも影響を与えた（中島，2001；松田，2003）．

戦前の郊外が，特定の人々のみの場所であったのに対し，戦後の郊外は大衆レベルにまで拡大していったことが特徴である．高度経済成長期に入ると，地方農家の若者が農業の機械化などによって余剰労働力となった一方，大都市では高度経済成長によって深刻な労働力不足が発生した．これを解消するための仕組みである集団就職（山口，2016）などにより，大都市への人口流入に拍車がかかった．大都市に流入した若者は，その後結婚し子どもをもうけた．こうして，より広い住宅スペースが必要とされるようになると，自治体，公団，公社，民間に至るまでさまざまな主体が大都市周辺において住宅供給に乗り出し，住宅需要を満たしていった．資金面でも，住宅金融公庫が発足して住宅資金の融資を開始するなど，持ち家取得が容易になっていった．こうして，人々は郊外に居住し，雇用や消費などの面では大都市（中心都市）に依存するようになった．これによって形成された地域構造が大都市圏である．

2．大都市圏構造の変容

「中心都市＝雇用・消費，郊外＝居住」という機能分化がすすんだ大都市圏であったが，徐々にこの構造に変化がみられるようになる．これは，主として郊外における雇用・消費機能の成長という形で進行した．このような構造変容を模式的に示したのが図9-2である．この図には，人口，産業の郊外化によって郊外（図9-2では「周辺地域」と表記）における雇用，消費施設が増加し，郊外住民の通勤流動，消費者空間行動が，中心都市への依存を弱めていく流れが示されている．さらに，この図の中央には，郊外地域において雇用・商業中心（郊外核とも呼ばれる）が形成され，郊外が自立化していくことも示されている．郊外核の成長は，中心都市を単核とする大都市圏構造から，郊外核も含めた多核的な構造へと変化していくこと，つまり大都市圏の多核化につながる．次は，中心都市への依存率（流出率）の低下現象と，大都市圏の多核化の二つについて詳細に検討する．

まず中心都市への依存率（通勤流動，消費者空間行動）の低下について検討する．図9-3は，大阪大都市圏の郊外都市である奈良県生駒市における通勤先構成の推移を示したものである．1970年から1980年にかけては，大阪市への通勤率（折れ線グラフ参照）が上昇しており，この時期に大阪市のベッドタウンとしての機能が強化されたとみることができる．

1980年代に入ると，大阪市への通勤者数（棒グラフ参照）は増加し続けているにもかかわらず，大阪市への通勤率は上昇せず横ばいとなった．これは，大阪市以外の地域，つまり大阪府（大阪市以外），生駒市内，奈良県内といった郊外内部への通勤者数の伸びが，大阪市への通勤者数のそれと同程度あったためである．それだけ産業の郊外化（郊外の雇用成長）がすすんだことのあらわれである．

しかし1990年代に入ると，大阪市への通勤率は横ばいにとどまらず低下しはじめた．同時に大阪市への通勤者数も減少がはじまっている．この時期は，1960年代から1970年代のベッドタウン化の時代に住宅を求めて生駒市に居住地移動し，生駒市から大阪市へと通勤を開始した人々が，定年退職にさしかかった時期である．そうした大阪市への通勤者の多い世代による退職が，大阪市への通勤者

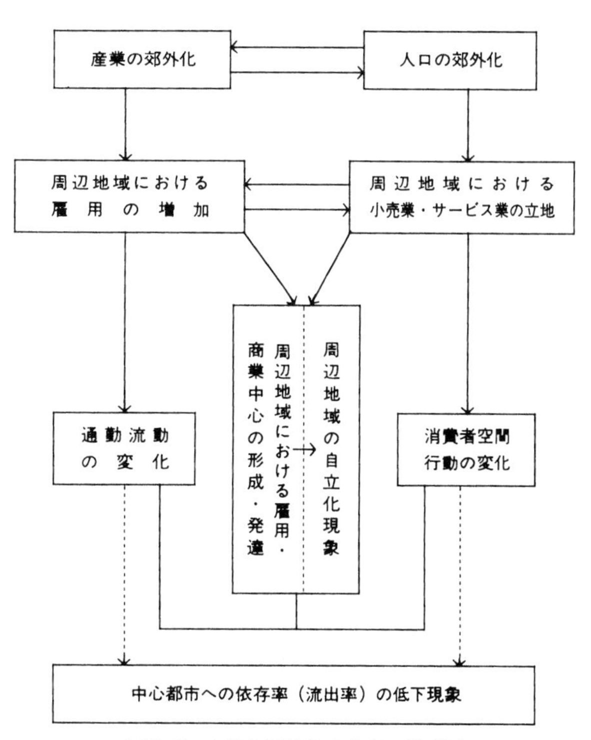

図9-2　大都市圏構造の変容の模式図
（富田和暁『大都市圏の構造的変容』古今書院，1995年）

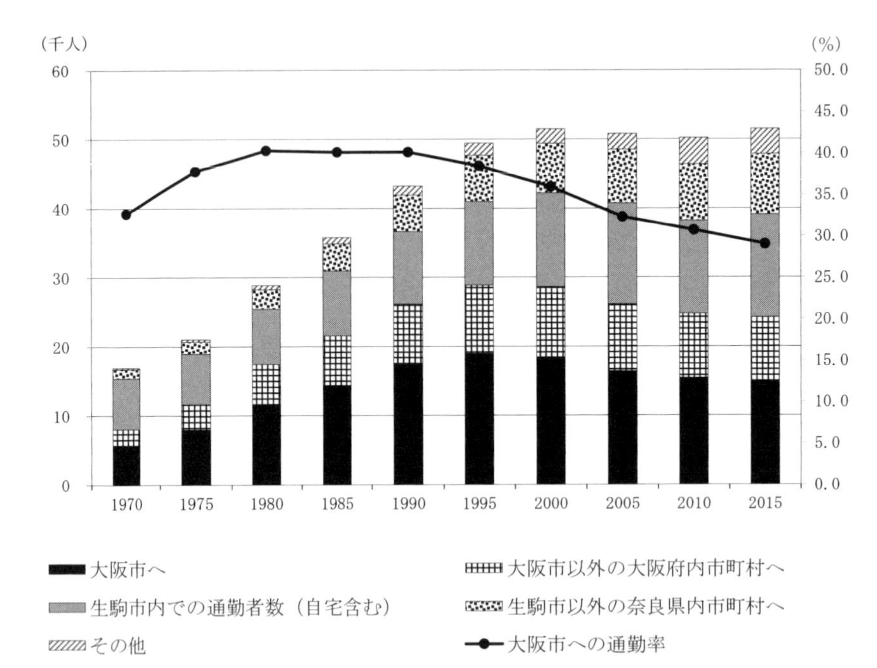

図 9-3　奈良県生駒市における通勤先構成（国勢調査をもとに作成）

表 9-1　平城ニュータウン居住者（女性）の高級服と普段着の買い物場所（%）

高級服

	1980 年	1995 年	2016 年
平城ニュータウン	5.4	5.3	12.8
大和西大寺駅周辺（地域中心地）	45.8	46.2	47.7
平城ニュータウン周辺市町村	4.2	7.6	2.9
難波・心斎橋（大阪都心）	25.3	24.0	16.9
難波・心斎橋以外の大阪市	8.4	7.6	8.7
その他	10.8	9.4	11.0

普段着

	1980 年	1995 年	2016 年
平城ニュータウン	30.5	47.4	70.7
大和西大寺駅周辺（地域中心地）	40.2	29.1	11.8
平城ニュータウン周辺市町村	10.4	8.6	7.7
難波・心斎橋（大阪都心）	8.5	7.4	2.8
難波・心斎橋以外の大阪市	4.2	4.6	3.3
その他	6.1	2.8	3.9

(平城ニュータウンでのアンケート調査をもとに作成)

[注] 平城ニュータウンには，隣接する相楽ニュータウンも含む．
平城ニュータウン周辺市町村とは，奈良市・木津川市・精華町のうち平城ニュータウン，大和西大寺駅周辺を除いたもの．

数の減少をもたらしたと考えられる．このように，近年における中心都市への通勤率の低下現象には，郊外における雇用成長というよりも，もともと中心都市への通勤者数の多かった世代の定年退職による部分が大きい．このため，「中心都市への通勤依存率の低下から，郊外の雇用成長，郊外核の形成・発達へ」の流れを一方向的に想定することはできないといえる．

次に，消費者空間行動に着目する．表9-1は，大阪大都市圏の郊外に相当する奈良市の平城ニュータウン居住者（女性）の買い物場所の変化を示したものである．消費者空間行動には，購入する商品によって買い物場所に差異がみられる（4章）．買回品に相当する高級服をみると，大阪都心である難波・心斎橋まで買いに出かける割合が高いが，最寄品である普段着は平城ニュータウン内といった近隣で買い物を済ませる傾向が強い．

時期による変化をみると，高級服では，難波・心斎橋を利用する割合が低下傾向にある一方で，平城ニュータウン内の割合が高まっている．普段着をみると，以前は，奈良市の中心地区の一つである大和西大寺駅周辺が利用されていたが，平城ニュータウン内の割合が大幅に上昇している．1980年代以降，平城ニュータウンにある高の原駅近辺で大型店の立地が相次いでおり，このことが自宅周辺での買い物割合を高めたといえる．

このように，郊外における消費施設の立地が，消費者空間行動の変化に結びついているのは間違いない．ただし，当該地区の中心と位置づけられる大和西大寺駅周辺の利用割合は，買回品（高級服）では横ばいであるし，最寄品（普段着）においては大幅に低下していることから，郊外核の成長や吸引力の高まりがみられるとまではいえない．

以上，通勤流動や消費者空間行動からみる限り，郊外における雇用・消費施設の増加により，中心都市への日常的な依存度は低下してきたものの，明確に郊外核が形成され，そこを郊外居住者が指向するという状況には至っていないといえる．これに対し，最も郊外核の成長がすすみ，大都市圏の多核化が進展しているとされるのがアメリカ合衆国である．

アメリカ合衆国の特徴は，モータリゼーションの著しい進展にある．6章のアトランタの事例でもみたように，アメリカ合衆国の大都市圏では，都心（CBD）から郊外方面へ放射状に形成される高速道路と，郊外間を環状で結ぶ高速道路が発達している．高速道路の多くは無料で走行できるため，鉄道などの公共交通利用よりも自動車利用が中心になる．

鉄道の場合，乗降や乗り換えは必ず駅で行う必要があるため，鉄道の結節点は駅である．それゆえ，鉄道交通が中心の都市の場合，駅に人が集まり，駅周辺に都市施設が集中しやすい．一方，自動車の場合，ドア・ツー・ドアで目的地に到達できるので，駅のような施設は不要であり，代わって高速道路の交差するジャンクション付近やインターチェンジ付近が結節点となる．そのため，自動車交通

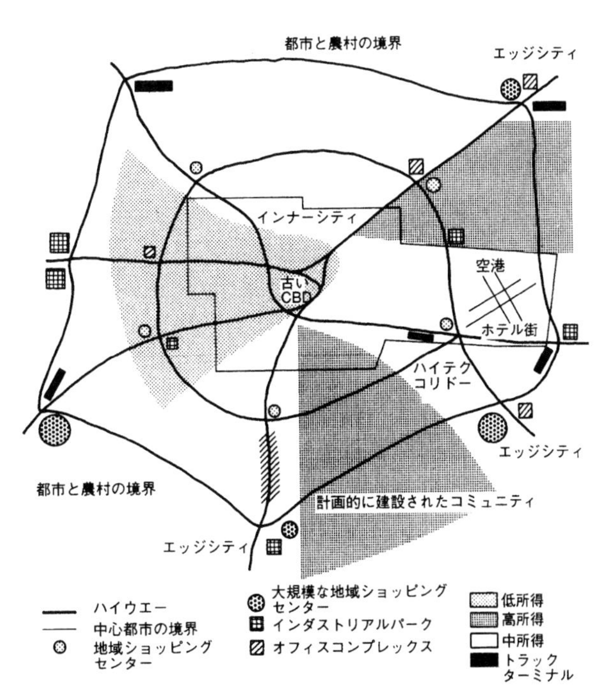

図9-4　1990年代の北米大都市圏の地域構造モデル
（林　上編著『現代都市地域の構造再編』原書房，2007年）

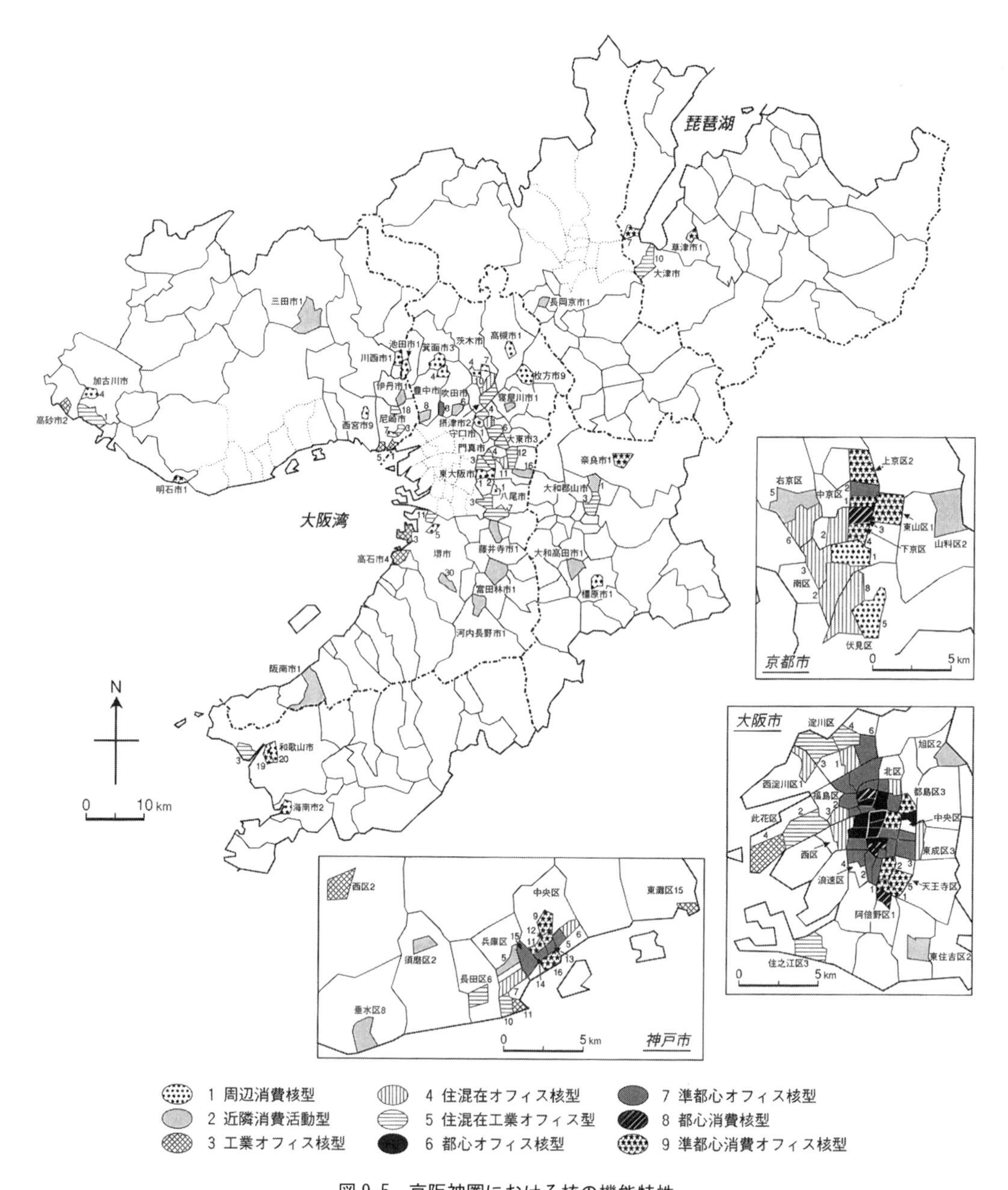

図 9-5　京阪神圏における核の機能特性

（石川雄一『郊外からみた都市圏空間－郊外化・多核化のゆくえ』海青社，2008 年）

が中心の都市では，それらの地区に都市施設が立地するようになる．

これを模式的に示したのが図 9-4 である．郊外のジャンクション付近に，大規模ショッピングセンター，インダストリアルパーク，オフィスコンプレックスが形成されているのがわかる．図中のエッジシティとは，郊外核のことである．この図のように，郊外核が複数形成されることを，大都市圏の多核化と呼ぶ．都心が「古い CBD」となっているように，郊外核の成長によって，従来の中心地であった都心（CBD）の衰退まで引き起こされているのが，アメリカ合衆国における多核化の一側面である．

日本における郊外核の形成実態をみると（図 9-5），最も強力な核（都心オフィス核型，都心消費核型）は，中心都市の都心に限定されていることがわかる．鉄道交通を中心とする日本の大都市圏においては，都心の鉄道駅が最大の結節点であり，都心の優位性は揺るぎないものであることが明確である．

3．成熟化する郊外

これまで大都市圏は，郊外の成長をともなって変化してきた．人口の郊外化，郊外の雇用成長などは，いずれも郊外の成長を示すものであるが，片や中心都市では，ドーナツ化現象にともなう人口減少やインナーシティ問題など，マイナス面が目立つ状況にあった．しかし，近年はこのような状況に転機が訪れている．都心の人口回復（人口の都心回帰）と，郊外の人口停滞，高齢化である．

大都市の都心においては，1980 年代までの人口減少が 1990 年代に入って収まりをみせ，2000 年代からは大幅な人口増加に転じている（図 9-6）．この背景には，バブル経済崩壊後の地価下落により，都心居住が可能になってきたことが挙げられる．また，6 章でみたように，バブル経済崩壊後に工場，倉庫，社宅を手放す企業が増加し，大都市内にそれらの跡地が大量に供給された．オフィスだけでなくマンション建設においても，それらの土地は格好の場所であった．こうして建設されたマンションの多くは超高層のタワーマンションであり，ジェントリフィケーションの象徴でもある（3 章）．

都心とは対照的に，郊外においては，2000 年代に入ると人口停滞の局面に入っていった（表 9-2）．これは，大都市方面からの人口流入が少なくなってきたことによる社会増加の縮小や，高度経済成長期頃に流入してきた世代の高齢化にともなう自然減少によるものである．大都市圏の高齢化については，大都市よりも郊外において高齢者数の増加が顕著であり（宮澤，2013），今後この傾向はさらに加速するとみられている（図 9-7）．こうした状況から，近年問題となっているのが買い物困難者問題や

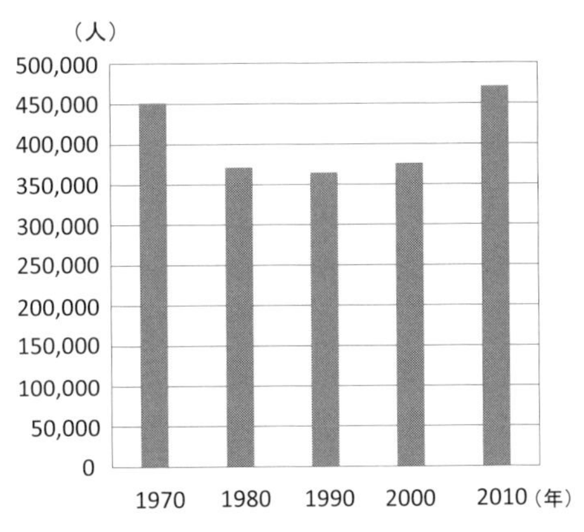

図 9-6　大阪市都心 6 区の人口推移
（国勢調査をもとに作成）

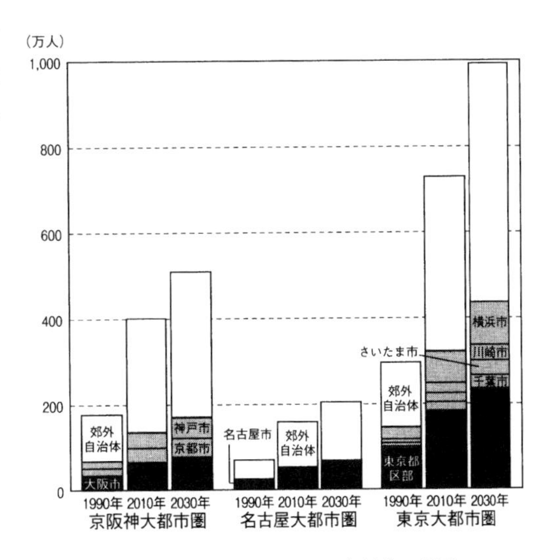

図 9-7　三大都市圏における高齢者の推移
（日野正輝・香川貴志編『変わりゆく日本の大都市圏－ポスト成長社会における都市のかたち』ナカニシヤ出版，2015 年）

表 9-2　大都市・郊外の人口推移

東京圏

	1990年	1995年	2000年	2005年	2010年	2015年
東京23区	8,164	7,968	8,135	8,490	8,946	9,273
		-2.4	2.1	4.4	5.4	3.7
郊外	23,633	24,609	25,284	25,989	26,673	26,858
		4.1	2.7	2.8	2.6	0.7
東京圏全体	31,797	32,577	33,418	34,479	35,619	36,131
		2.5	2.6	3.2	3.3	1.4

名古屋圏

	1990年	1995年	2000年	2005年	2010年	2015年
名古屋市	2,155	2,152	2,172	2,215	2,264	2,296
		-0.1	0.9	2.0	2.2	1.4
郊外	8,395	8,658	8,837	9,014	9,082	9,035
		3.1	2.1	2.0	0.8	-0.5
名古屋圏全体	10,550	10,810	11,008	11,229	11,346	11,331
		2.5	1.8	2.0	1.0	-0.1

大阪圏

	1990年	1995年	2000年	2005年	2010年	2015年
大阪市	2,624	2,602	2,599	2,629	2,665	2,691
		-0.8	-0.1	1.2	1.4	1.0
郊外	16,716	16,944	17,187	17,228	17,236	17,071
		1.4	1.4	0.2	0.0	-1.0
大阪圏全体	19,340	19,547	19,786	19,857	19,901	19,762
		1.1	1.2	0.4	0.2	-0.7

(国勢調査をもとに作成)
上段は人口(千人), 下段は増加率(対5年前比). 各大都市圏の郊外は以下の通り.
東京圏＝東京都（23区除く）埼玉県，千葉県，神奈川県
大阪圏＝大阪府（大阪市除く），滋賀県，京都府，兵庫県，奈良県
名古屋圏＝愛知県（名古屋市除く），岐阜県，三重県

空き家問題である．

買い物困難者問題とは，徒歩圏内に生鮮食料品を提供する店舗が少なくなり，日常的な買い物に不便をきたす人々に関連する問題である．地方の農山村や地方都市の空洞化した中心部において懸念されてきた問題であるが，最近では大都市圏郊外へと問題が波及している．図9-8は，大阪大都市圏の郊外に相当する奈良県王寺町における食料品店の分布を示したものである．王寺駅や畠田駅などの駅前に食料品店が集中する一方，周辺部にはほとんど立地していない．周辺部には，1960年代から1980年代に，丘陵地を切り開いて開発された大規模住宅地がある．これらの住宅地に入居した世帯の多くは，大阪へ通勤するサラリーマン世帯であった．入居から数十年が経過し，入居当時は30歳代前後であった人々も60歳代以上の高齢者となっている．

王寺町に居住する高齢者の買い物行動をたずねたアンケート調査の結果（図9-9）によれば，生鮮食料品の買い物頻度が高い地区は，王寺駅や畠田駅付近であり，食料品店の立地場所とほぼ一致する．対照的に，食料品店が自宅付近にない地区では買い物頻度が低くなっており，食料品店へのアクセスの有無が買い物利便性に直結しているとみられる．より直接的に，買い物に不便を感じるかどうかをたずねたところ，買い物頻度の低い地区ほど不便を感じていることが明瞭である．

駅から離れた地区に居住する人々も，若い頃であれば自家用車を利用して遠隔の大型商業施設まで出かけることが可能であったであろうが，高齢になり自家用車の運転が困難になると，徒歩圏内に食料品店がないことが大きな負担になってくる．このような問題は，丘陵地を開発して誕生した郊外住宅地の特性，モータリゼーションにともなう郊外型大型商業施設の立地，少子高齢化などさまざまな要素が絡み合って発生しているものである．

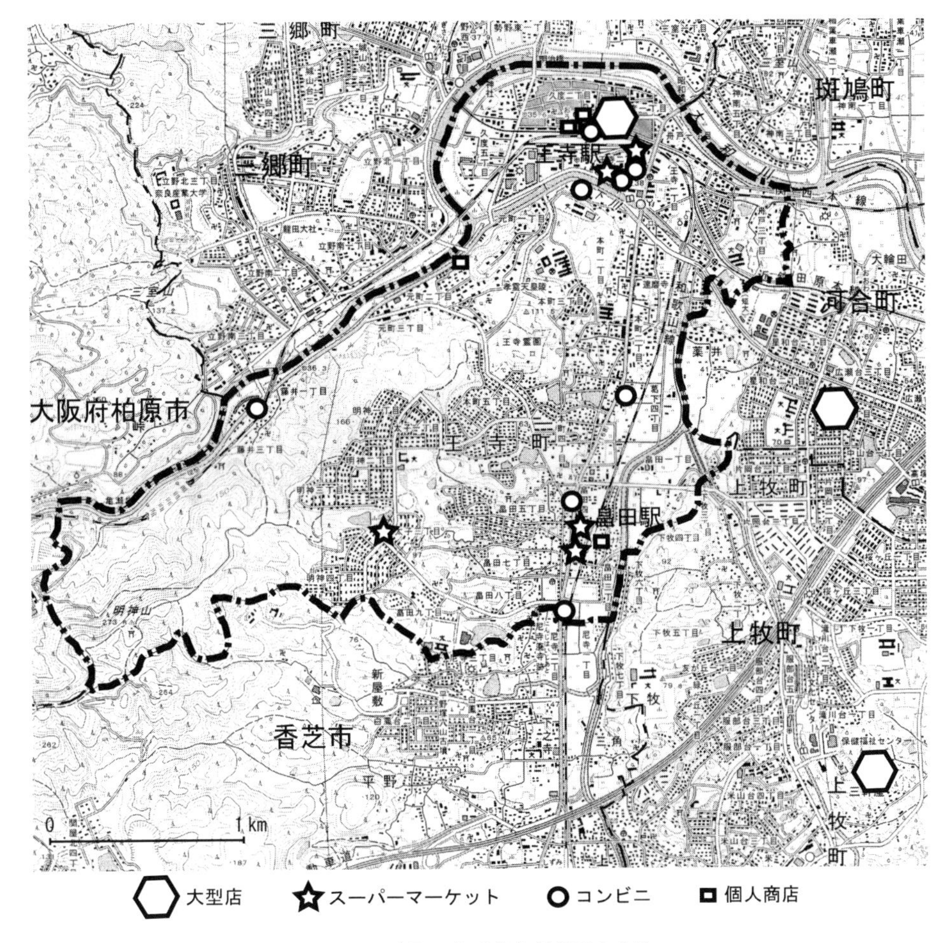

図 9-8　王寺町における食料品店の立地
(i タウンページ（2017 年 1 月現在）および現地調査をもとに作成)
大型店（10,000 ㎡以上）のみ，王寺町に隣接する市町村についても示してある.
国土地理院発行 2 万 5 千分 1 地形図「信貴山」「大和高田」(2006 年更新) を使用 .

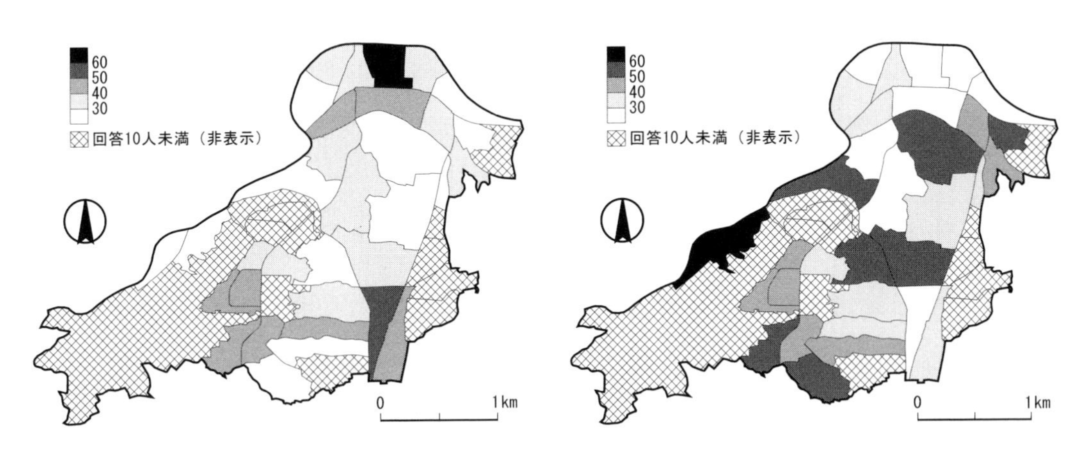

図 9-9　王寺町の高齢者の買い物実態
(王寺町で実施した高齢者へのアンケート調査をもとに作成)

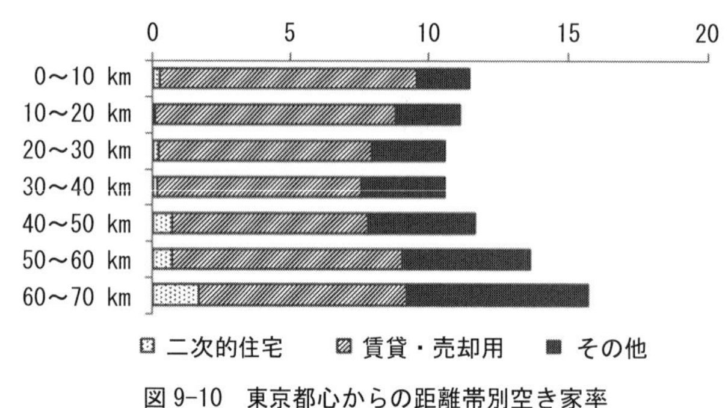

図 9-10　東京都心からの距離帯別空き家率
（由井義通・久保倫子・西山弘泰編『都市の空き家問題　なぜ？どうする？－地域に即した問題解決にむけて』古今書院，2016 年）

空き家も，従来であれば若者が大都市圏に流出した過疎地域における問題であったが，現在では大都市圏郊外において大きな問題となってきた．戦後の住宅不足に対応して，高度経済成長期以降，大都市圏郊外において大量に住宅供給がなされてきた．それらの住宅に居住する人々が高齢者となり，死亡や老人ホーム等への転居などにより放置された状態の空き家が急増している．

総務省が実施している住宅・土地統計調査では，空き家を「二次的住宅」,「賃貸用住宅」,「売却用住宅」，「その他住宅」に分けている．「二次的住宅」とは，休暇時に保養などの目的で利用するためのもので，普段は人の住んでいない住宅のことである．「賃貸用住宅」,「売却用住宅」は，それぞれ賃貸，売却のために空き家になっている住宅である．先に述べたような背景で放置されている空き家は「その他住宅」に該当し，近年急速に増加している（若林，2016）．

大都市圏の中でも，都心からの距離によって発生する空き家の種類は異なる（図 9-10）．都心に近いエリアでは「賃貸・売却用」が中心であるが，こうした空き家は通常の住宅市場においては一定数存在するものであるので，大きな問題とはいえない．やはり問題は「その他住宅」であり，都心から離れるほど空き家率が高くなっている．第一次ベビーブーム世代（1940 年代後半出生者）が 80 歳代以上に到達する今後，郊外の空き家問題はさらに本格化するものと考えられる．

［参考文献］

石川雄一『郊外からみた都市圏空間－郊外化・多核化のゆくえ』海青社，2008 年
富田和暁『大都市圏の構造的変容』古今書院，1995 年
中島大輔「私鉄による戦前期開発地域の変容－奈良市菖蒲池南園住宅地の事例」立命館地理学 13，2001 年
林　上編著『現代都市地域の構造再編』原書房，2007 年
松田敦志「戦前期における郊外住宅地開発と私鉄の戦略－大阪電気軌道を事例として」人文地理 55-5，2003 年
松田敦志「ターミナルデパートによる「郊外」化の推進－戦前期における阪急の事例を中心に」兵庫地理 49，2004 年
水内俊雄「大阪大都市圏における戦前期開発の郊外住宅地の分布とその性質」（大阪市立大学地理学教室編『アジアと大阪』古今書院，1996 年）
宮澤　仁「大都市圏郊外の高齢化とまちづくりの課題」（日野正輝・香川貴志編『変わりゆく日本の大都市圏－ポスト成長社会における都市のかたち』ナカニシヤ出版，2015 年）
山口　覚『集団就職とは何であったか－“金の卵”の時空間』ミネルヴァ書房，2016 年
若林芳樹「地図からみた日本の空き家問題の地域的特徴」（由井義通・久保倫子・西山弘泰編『都市の空き家問題　なぜ？どうする？－地域に即した問題解決にむけて』古今書院，2016 年）

10 章　住宅と居住

1. 都市のスプロール

大都市における雇用機会の増大は，地方から労働者を引きつけるが，大都市においてそれに見合うだけの住宅供給がなされない場合，住宅不足の状況に陥る．20 世紀初期の日本は，まさにこのような住宅不足の時代であった．現在のように多種多様な住宅が用意されている時代ではなく，大都市の工場で働く労働者は，工場併用の住宅や大都市内の借家に居住せざるを得なかった（大場，1996）．戦前の大都市では，借家の割合が非常に高かった（表 10-1）．借家経営者の多くは，個人の家主や零細業者であり（角野，2000），無計画に建設されたものが大半であった．住宅需要の高まりにより，こうした住宅は大都市周辺部にまで広がっていった．

このような，無秩序な市街地の拡大のことをスプロール現象と呼ぶ．スプロールがすすむ地域では，街路が非常に狭かったり，上下水道や公共施設が未整備であったりすることも多かった．こうした住宅に居住せざるを得なかったのは，低賃金，長時間労働が要求された工場労働者であった．9 章でみたように，戦前において豊かな郊外居住が可能であったのは，ごく一部の企業経営者やホワイトカラーのみであった．

戦後，高度経済成長期に突入すると，住宅需要はさらに高まった．大都市周辺部では，ミニ開発と呼ばれる小規模住宅地開発が実施された．ミニ開発とは，1,000 m² 未満の敷地を 100 m² 未満の宅地に細分化して開発するものをさす．1,000 m² 以上の敷地の開発には都道府県知事の開発許可が必要となり，それを避けるために 1,000 m² 未満の開発が大量に行われた．小規模事業者による少ない資金での開発が多いため，住宅建設以外の整備は後回しにされる．結果とし

表 10-1　戦前の大都市の借家率（%）

	東京		横浜		大阪		神戸	
	構成比	借家率	構成比	借家率	構成比	借家率	構成比	借家率
1 戸建	52.9	61	66.4	35	15.9	50	20.8	50
2 戸建	30.4	91	25.6	81	17.6	91	29.2	90
長屋率	16.7	100	8.0	96	66.5	98	50.0	87
借家率	-	77	-	52	-	90	-	87

（角野幸博『郊外の 20 世紀－テーマを追い求めた住宅地』学芸出版社，2000 年，をもとに作成）
注）昭和 16（1941）年に行われた 24 大都市住宅調査の補遺として 1/500 の抽出で行われた集計（昭 19.8 厚生省発表）の比率計数を示した．

て，居住水準の低い住宅地が大都市周辺に大量に生み出されることになった．

2．大規模住宅開発

a．ニュータウン開発

前節のようなスプロールを防止し，健全な住宅環境の整備を目的として建設されたのがニュータウンである．日本のニュータウン建設には，イギリスの郊外整備が大きな影響を及ぼした．世界に先駆けて産業革命を経験したイギリスでは，都市への産業集中と環境悪化が発生し，特にロンドンにおいて問題は深刻であった．

こうした問題に対処するために登場したのが，ハワードの田園都市構想である．これは，環境の悪化する大都市から一定の距離（30 ～ 50km）を置いたところに，広場，公共施設，商店，住宅，産業施設を集めた職住近接型の街（田園都市）をつくり，田園都市と大都市は鉄道などの交通機関で結ぶというものである．大都市から完全に離れてしまっていては大都市住民や産業施設を受け入れることはできないし，田園都市住民が大都市の娯楽機能の恩恵を受けることもできなくなる．そのため，大都市から「一定の距離」を置くことに意味がある．この構想に基づき，ロンドン郊外のレッチワース，ウェルウィンに田園都市が建設された．

この構想は，戦後になって大ロンドン計画の中で実現されていくことになる．戦前のロンドンの都市問題を受けて策定された大ロンドン計画とは，以下のように要約できる（實，2004）．ロンドンとその周辺部を同心円状に4つの地帯に区分し，最も内側の内部市街地（Inner Urban Ring）は人口と工業を分散させるゾーン，郊外地帯（Suburban Ring）は安定的なゾーン，緑地帯（Green Belt Ring）では新規開発は厳禁，外部田園地帯（Outer Country Ring）ではニュータウンを建設するというように，地帯ごとに開発の方向性を定めた．この計画に基づき，田園都市構想をふまえたニュータウン建設がすすめられていった．

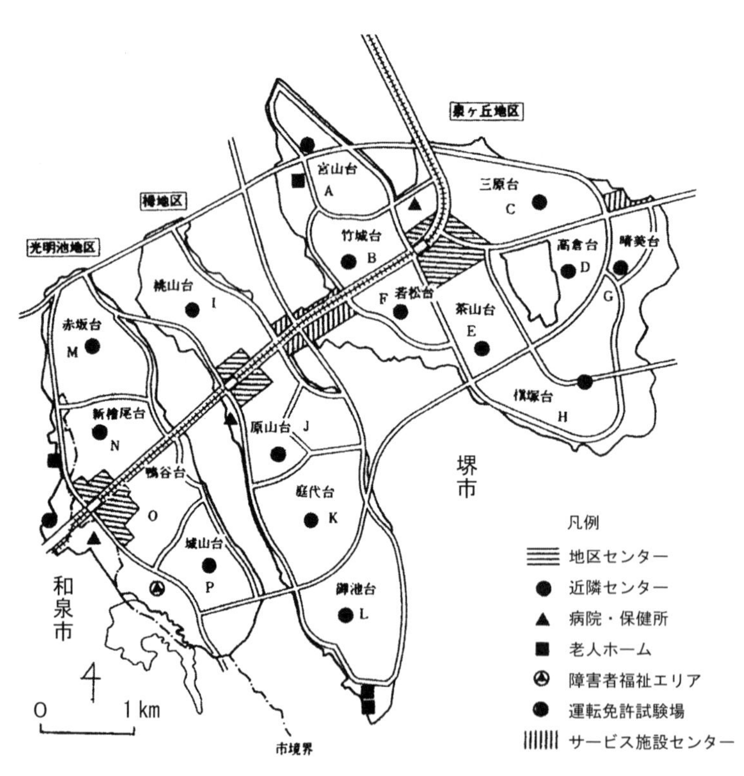

図 10-1 泉北ニュータウンの概要
（森本泰三「小売店の大規模化と高齢者の日常買物空間－泉北ニュータウンを例として」人間社会学研究集録 1，2005 年）

日本の大規模ニュータウンの代表例として，東京大都市圏では多摩ニュータウン，港北ニュータウン，大阪大都市圏では千里ニュータウン，泉北ニュータウン，名古屋大都市圏では高蔵寺ニュータウンなどが挙げられる．いずれも自治体や日本住宅公団（現在の都市再生機構）が施工者であり，公的な立場から計画的な住宅地づくりがなされた．その開発計画作成にあたっては，先述の通りイギリスのニュータウンが参考にされたが，イギリスのような職住近接ではなく，住機能に特化した大規模住宅地となった．とはいえ，スプロール地域におけるミニ開発とは違い，各種施設が計画的に配置されたものとなっている（図 10-1）．

b.　ウォーターフロント

計画的に新しい住宅地をつくろうとすれば，そのための広い土地が必要となる．上記のニュータウン開発の場合，丘陵地の広大な土地が開発対象となった．まとまった広大な土地を取得するとなると，既成市街地や旧集落が存在する平地では限界があったため，自ずと丘陵地が格好の場所となったのである．これに対し，広大な土地を臨海部に求める住宅開発もある．多くは，埋め立て地を活用した開発である．もともと都市の臨海部は，工場や倉庫などが立地し，都市住民にはなじみのない場所であったが，都心の過密化を解消する目的で都市再開発が行われるようになり，オフィス，商業施設，住宅などの複合型の街が相次いで建設された．これは，ウォーターフロント開発と呼ぶこともある．

埋め立て地での住宅開発の初期のものとしては，7 章で触れた大阪市の南港ポートタウンがあるが，それは住宅に特化したものであった．複合型の開発としては，神戸市のポートアイランドが有名である（図 10-2）．神戸港では，高度経済成長期に取扱貨物量が急増したことや，既存の埠頭ではコンテナ化に十分に対応することができないことなどにより，海上を埋め立てて新たな埠頭を建設する構想が示された．これに，公共施設，国際会議場，宿泊施設，余暇関連施設，高層住宅などの都市施設も加えた「海上文化都市」として誕生したのが，ポートアイランドであった（中北, 1981）．神戸三宮とポートアイランドは，新交通システム（7 章）のポートライナー（神戸新交通ポートアイランド線）で結ばれた．

このような埋め立て地を造成するためには，大量の土砂が必要となる．一般的には，宅地造成やトンネル工事等の建設事業による残土や，山地の一部を削って取り出された土砂が使用される．大規模な埋め立て事業の場合は，大量の土砂が短期間に必要になるため，埋め立て事業と宅地造成事業が一体的に実施されることもある．ポートアイランドの埋め立てはこの典型例であり，六甲山麓の宅地造成と埋め立て事業が連動して実施された．

以下では，大津市の事例をもとに，埋め立て事業と宅地造成事業の一体的な実施の様子を詳しくみることにする．大津市中心部の平地は，琵琶湖と山地に挟ま

図 10-2　神戸市・ポートアイランド（筆者撮影）

図 10-3　大津市の宅地造成と埋立地
（地理院地図（電子国土 web）を使用）

れた細長く狭い範囲に限定されている．そのため，高度経済成長期以降にニーズの高まった都市施設の新規立地には限界があった．折しも，京都や大阪のベッドタウン的な住宅開発の波が押し寄せてきた時期でもあった．そこで，山麓で宅地造成を行い，そこから取り出される土砂を利用して琵琶湖岸を埋め立てる事業が行われた（図 10-3）．

1960 年代初期の空中写真をみると，名神高速道路の建設工事がはじまっている様子がわかるが，湖岸の埋め立てはすすんでいない．1970 年中期をみると，南部の山麓で宅地造成がなされている様子がみて取れる．名神高速道路の工事車両用につくられた道路は，その後の宅地造成工事にも使用されたことで，住宅開発の順調な進捗に貢献した．これら宅地造成されたところには，一戸建て住宅が大量に供給された．一方の湖岸には広大な埋め立て地が誕生しており，山麓の宅地造成とワンセットで開発がすすめられたことを物語っている．この埋め立て地には，公共施設，商業施設，宿泊施設，中高層マンションが立地し，大津市の新たな都心を形成した．

c．研究開発型ニュータウン

ニュータウンというと，一般に日本では，千里ニュータウン，高蔵寺ニュータウン，多摩ニュータウンのような住機能に特化したものがイメージされるが，研究開発型ニュータウンというものもある（福原，1998）．研究開発施設とそこで働く人々の住宅を含むものであり，筑波研究学園都市，関西文化学術研究都市が代表的である．ここでは，この二つの研究開発型ニュータウンの特徴を紹介する．

東京都心から北東約 60km に位置する筑波研究学園都市は，研究，教育の一大拠点を整備することとともに，過密化する東京からの都市機能の移転を目的として建設されたものである（図

10-4）．後者に関連して，つくば市は，1986 年の第 4 次首都圏整備計画（6 章）において土浦市，牛久市とともに業務核都市に位置づけられ，その中で筑波研究学園都市が，業務施設集積地区の一つに指定された．国の研究，教育機関が東京から移転し，業務，商業，住宅などが計画的に配置された都市となっている．1980 年までには国の研究，教育機関が移転し，業務を開始した．

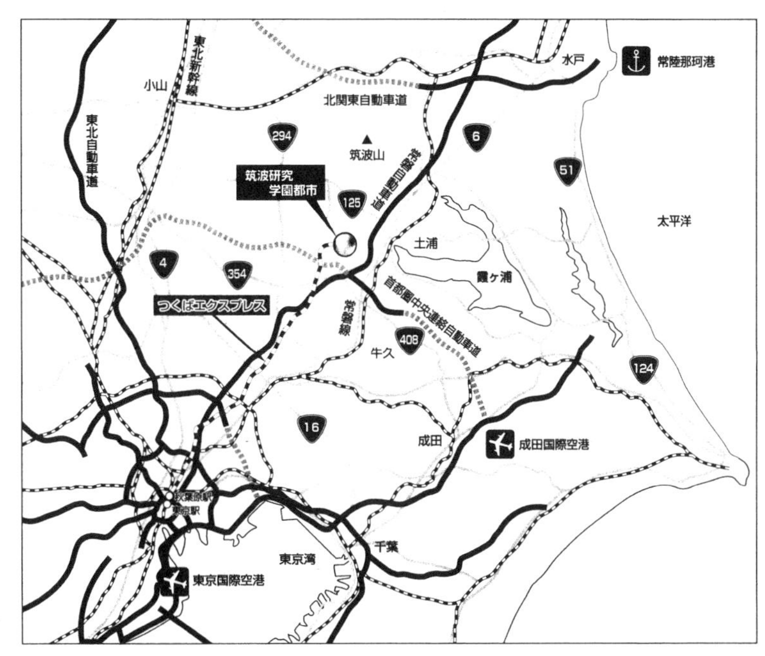

図 10-4　筑波研究学園都市の位置（国土交通省のパンフレット）

筑波研究学園都市の住宅は，計画的に配置された公務員住宅，公団，公社の住宅などと，土地区画整理によって誕生した民有地に大きく分けられる．民有地においては，整備後も農業を続けたいと考える地権者の意向を反映し，一区画あたりの面積が非常に広くとられていた（山本ほか，1992）．そのスペースに一戸建て住宅は広すぎるため，共同住宅が建設される事例が多い．筑波研究学園都市は，東京都心から比較的離れているし，開発当初は鉄道アクセスが十分でなかった．そのため，東京から筑波研究学園都市へ通勤する人は比較的少なく，職住近接型の都市が形成されてきた．2005 年につくばエクスプレスが開業し，東京と筑波研究学園都市が直接鉄道で結ばれたことで，住民の東京へのアクセスが格段に向上した反面，東京方面からの通勤利便性も高まり，これまでの職住近接型の都市構造も転換期にある．

大阪都心から北東約 30km の京阪奈丘陵に位置する関西文化学術研究都市（図 10-5）は，関西経済の地盤沈下が続く状況をふまえ，新たな成長分野である研究開発や文化学術の拠点を整備するために開発されたものである．このエリアは京都都心からも約 20km と近く，京都市の既成市街地にある大学，研究機関の新たな用地確保の必要性も顕在化しつつあった（杉野編，1993）．こうしたことから，京阪奈丘陵に関西文化学術研究都市が建設されることとなり，1994 年に都市びらきがなされた．筑波研究学園都市が，国の研究，教育機関の移転が中心で，一地区のみでの開発であったのに対し，関西文化学術研究都市は，民間企業の立地が多く，複数地区にまたがるクラスター開発であった（図 10-5）．

住宅についても，複数の住宅地区が形成されている．もともと日本住宅公団による住宅開発が先行してなされているさなかに関西文化学術研究都市構想が示され，既存の住宅開発が構想の中に組み込まれていったという側面が強い．住宅地区の多くは一戸建て住宅を中心としたも

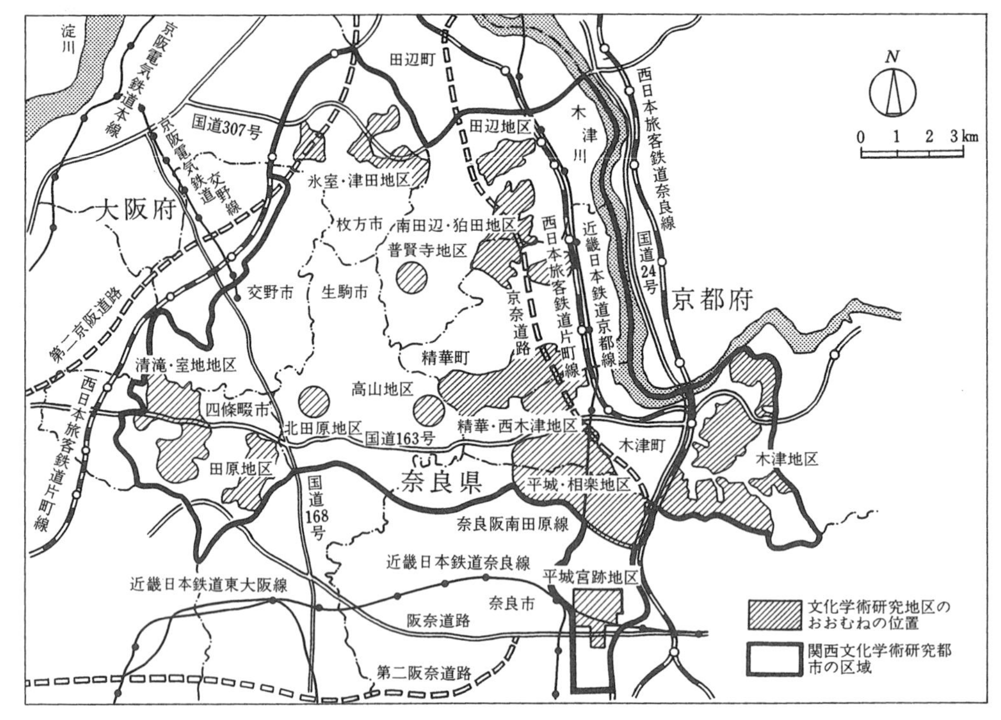

（注）田辺地区，南田辺・狛田地区，木津地区，精華・西木津地区，平城・相楽地区，田原地区，平城京跡地区は，地区のおおむねの位置及び区域を示している．

図 10-5　関西文化学術研究都市の位置（杉野圀明『関西学研都市の研究』有斐閣，1993 年）

のであり，この点でも筑波研究学園都市とは異なる．實（2004）によると，関西文化学術研究都市内の二つの住宅地（光台，木津川台）居住者の通勤先について，いずれも大阪が約 50% を占めており，典型的なベッドタウンの様相を呈している．これは，先に述べたように，大阪都心から 30km という近さゆえのことである．一方で，研究施設の従業員のほとんどは，大阪や京都から通勤している．このように，職住近接傾向の強い筑波研究学園都市とは対照的に，関西文化学術研究都市は職住分離傾向が明瞭にみられる．

3．最近の住宅開発

1980 年代までのような住宅開発の郊外への外延的拡大は，1990 年代に入ると変化をみせるようになった．郊外の人口停滞と都心の人口回復が発生し，それまでの人口移動の方向が逆転した（3 章，9 章）．

都心の人口回復を牽引したのは，共同住宅である．東京都心における人口回復には，行政による公共住宅の供給と民間によるマンション供給が大きく寄与した（矢部，2003）．公共住宅の供給が増加した背景には，バブル経済期に人口減少がすすみ，税収減を懸念した都心の自治体が，人口回復策を積極的に導入するようになったことがある．民間によるマンション供給については，企業が所有していた社宅や工場が，バブル経済崩壊にともなうリストラの一環で処分されたことで，マンション開発の適地が都心に生み出されたことが背景になっている．これ

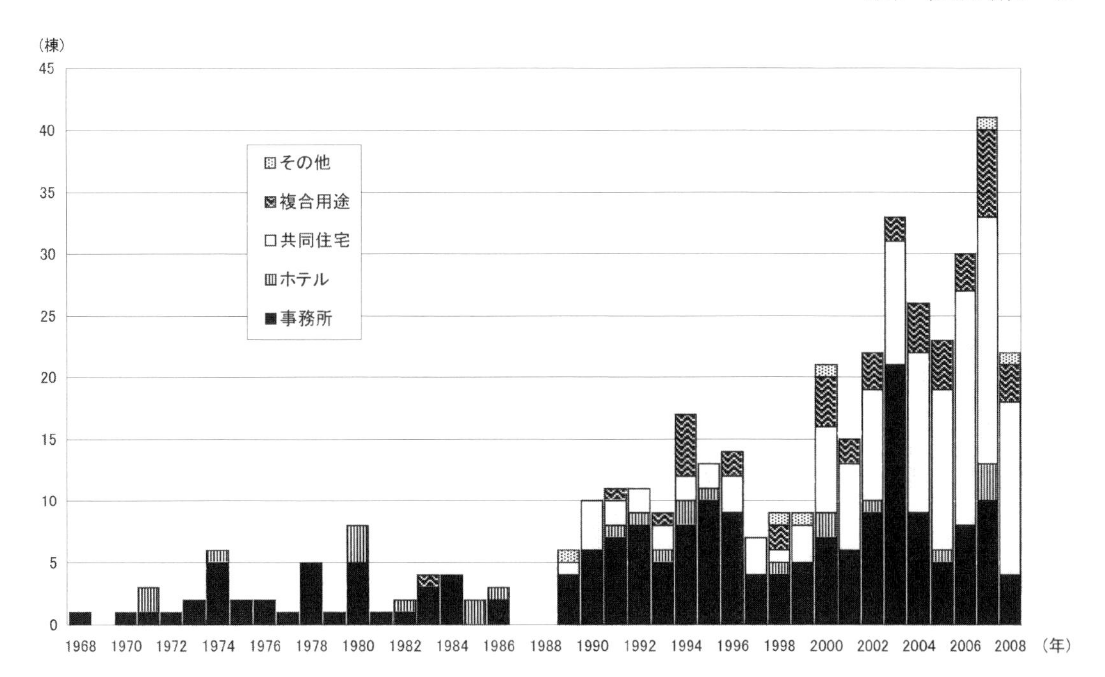

図 10-6　東京都区部における超高層建築の年間竣工数とその用途別内訳
(阿部和俊編『都市の景観地理　日本編 1』古今書院，2007 年)

に加え，バブル経済崩壊によって都心の地価が大幅に下落したことにより，バブル経済期に比べると低価格でマンションの供給が可能になってきたこともある．2000 年代に入ると，タワーマンションと呼ばれる超高層マンションの供給が急速にすすんだ．東京都区部の超高層ビルの用途(図 10-6)をみると，1980 年代までの超高層ビルは事務所(オフィス)やホテルが大半であったが，1990 年代に入って共同住宅が登場し，2000 年代には共同住宅が最大となっている．

このような超高層マンションの増加には，先に述べた企業のリストラや地価下落などに加え，政府による規制緩和政策も大いに関係している（2 章）．2002 年に制定された都市再生特別措置法では，大都市の都心において拠点地域（都市再生緊急整備地域）を設定し，その地域では都市開発における手続きが簡略化され，税制優遇も受けられるようになった．さらに，都市再生緊急整備地域の中でも，特に重要な地区は都市再生特別地区と呼ばれ，都市計画上の規制の適用除外，金融面での優遇措置が受けられる(芳賀，2007)．また，都市計画提案制度が導入され，従来は行政主導で行われていた都市計画に対し，都市開発業者による提案が可能になった．この制度に基づいた提案には，容積率（敷地面積に対する建物延べ床面積の割合）をアップさせるものが多く，超高層化に拍車がかかった．

近年は外延的拡大が緩やかなものになっている郊外であるが，鉄道駅周辺では中高層マンションの供給が活発化している．この背景には，第 1 に，都心のみならず郊外においても都市的利便性を重視した居住地選好がなされるようになってきたことが挙げられる．郊外の鉄道駅周辺における居住は，都市的利便性の高さと郊外の居住環境のよさをあわせもった居住形態であり（大塚，2015），こうした側面を評価する人々が増加してきたと考えられる．第 2 に，郊

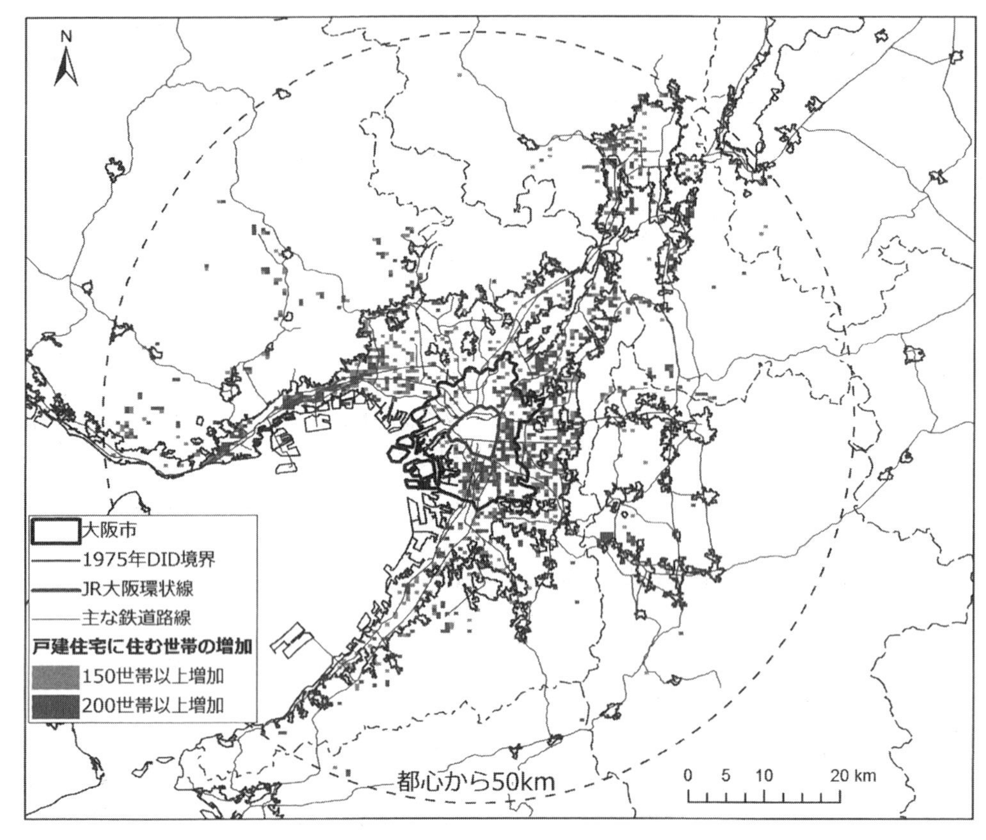

図 10-7　大阪圏における一戸建て住宅に住む世帯の増加（1995 ～ 2010 年）
（熊野貴文「バブル経済崩壊後の大阪大都市圏における戸建住宅供給－既成市街地での供給を中心に」地理学評論 90-1，2017 年）

外出身者，夫婦共働きが増加し，郊外に居住する親との距離，妻の職場への通勤利便性などを考慮した結果，郊外の鉄道駅周辺のマンションが選択されている点が挙げられる．都心の人口回復について，郊外に移動した人々が再び都心に戻ってくるというパターンが実は少ないことが確かめられているが（小泉ほか，2011；富田，2015），これに対しては，上記のような郊外居住者が郊外駅前マンションにとどまっているためとの見方もできる．

以上のような住宅需要側（購入者）の要因に加え，住宅供給側にも要因がある．1980 年代のバブル経済期までは，郊外の鉄道駅周辺は，商業地としての再開発が主流であった．百貨店や総合スーパーなど小売店の側も多店舗展開をすすめていたため，市街地再開発事業（11 章）が実施される場合には，テナントとして積極的に出店した．しかし，バブル経済崩壊後，消費不況により新規出店が難しくなったこと，駅前よりも郊外型店舗を指向したことなどにより，小売業者のテナント出店がなされなくなった．そこで，再開発事業を見直し，郊外駅前居住ニーズの高まりを受け，商業開発からマンション開発へとシフトした事例が多い．

マンション供給のみならず，一戸建て住宅においても供給の方向に変化がみられる．外延的拡大を特徴としてきた一戸建て住宅の供給地が，1990 年代に入ってからは大都市に近いエリアへとシフトしている（図 10-7）．このエリアは，高度経済成長期までに開発されたスプロール地域に相当している．スプロール現象が問題視された当時は，当該地域における将来的なスラム化が懸念されていたが，建て替えがすすんだことでそのような状況には至っていない（西山，2010）．郊外の大規模ニュータウンが，高齢化や空き家問題に直面する中（9章），住宅更新がすすみ年齢層の若返りもみられるようになってきたこれらの地域を再評価する動きもある（森本・前田，2008）．

［参考文献］

大塚俊幸「ポスト成長社会における名古屋大都市圏郊外の居住地選好」（日野正輝・香川貴志編『変わりゆく日本の大都市圏－ポスト成長社会における都市のかたち』ナカニシヤ出版，2015年）

大場茂明「近代大阪における土地・住宅政策の展開」（大阪市立大学地理学教室編『アジアと大阪』古今書院，1996年）

角野幸博『郊外の20世紀－テーマを追い求めた住宅地』学芸出版社，2000年

熊野貴文「バブル経済崩壊後の大阪大都市圏における戸建住宅供給－既成市街地での供給を中心に」地理学評論90-1，2017年

小泉　諒・西山弘泰・久保倫子・久木元美琴・川口太郎「東京都心湾岸部における住宅取得の新たな展開－江東区豊洲地区の超高層マンションを事例として」地理学評論84-6，2011年

實　清隆『都市計画へのアプローチ－市民が主役のまちづくり』古今書院，2004年

實　清隆「関西文化学術研究都市の開発と諸問題」総合研究所所報12，2004年

杉野圀明『関西学研都市の研究』有斐閣，1993年

富田和暁『大都市都心地区の変容とマンション立地』古今書院，2015年

中北保次「ポートアイランドと神戸の埋立技術」工業教育29-4，1981年

西山弘泰「住民の転出入からみた首都圏郊外小規模開発住宅地の特性－埼玉県富士見市関沢地区を事例に」地理学評論83-4，2010年

芳賀博文「東京におけるスカイラインの変貌」（阿部和俊編『都市の景観地理　日本編1』古今書院，2007年）

福原正弘『ニュータウンは今』東京新聞出版部，1998年

森本泰三「小売店の大規模化と高齢者の日常買物空間－泉北ニュータウンを例として」人間社会学研究集録1，2005年

森本信明・前田享宏『まちなか戸建－持家化社会のまちづくり』学芸出版社，2008年

矢部直人「1990年代後半の東京都心における人口回帰現象－港区における住民アンケート調査の分析を中心にして」人文地理55-3，2003年

山本正三・高橋伸夫・中川　正・橋本雄一・芳賀博文・鹿嶋　洋・側島康子「筑波研究学園都市の土地利用」地域調査報告14，1992年

11 章　都市問題・都市計画

1. 都市問題の発生と都市計画法

都市には，顧客との近接性，労働力やサービスの調達，整備されたインフラなどを求めて，さまざまな機能が集積する．ひとたび集積がなされると，累積的に新たな機能も都市に集積するようになることが多い．しかし，集積しすぎるとそれにともなう不利益が発生するようになる．交通渋滞，地価高騰，公害などがそれに該当する．都市への過集積の結果生じるこのような問題を総称して都市問題と呼ぶ．

産業革命にともない，都市問題は深刻化した．産業革命発祥のイギリスでは，そうした都市問題がいち早くあらわれた．大気汚染，疫病などが，ロンドンやマンチェスターにおいては大きな問題となった．こうした都市問題に対し，10 章でみたように，悪化した都市環境から一定の距離を置いたところに田園都市を創造しようとする人々も出てくるようになった．しかし，田園都市へと移転できるのはごく一部であるし，大都市へ流出していく農村住民を田園都市が食い止めることができるのも，全流出人口からすればごく一部に過ぎない．このため，田園都市が根本的な都市問題の発生を防ぐことにはならず，大都市では相変わらず都市問題は深刻であった．やがて，都市問題の解決には行政組織によるコントロールが必要であると認識されるようになり，近代的な都市計画概念が生まれていくようになる（林編著，2007）．

日本における近代的な都市計画は，1888 年の東京市区改正条例から 1919 年の都市計画法制定までの間に確立された．道路，上下水道など，東京の市街地の基盤整備を中心とした東京市区改正条例は，それまでにみられたような特定地区のみの整備にとどまらなかったという点で重要である．しかし，いち早く都市化のすすんだ東京のみに適用されたものであり，後に他の大都市にも適用されていくが，応急処置的な側面は否めなかった．また，都市中心部の改造のみを視野に入れたものであったため，急速に拡大しつつあった周辺市街地の整備には対応できなかった．そうした反省をふまえ，広域的な土地利用計画を取り入れた都市計画法が 1919 年に制定された．都市計画区域，用途地域，風致地区など，現在の都市計画にもみられる規制・誘導概念が，戦前の都市計画法にもすでに取り入れられていた．しかし，中央集権体制のもと国による権限が強く，住民主体の都市計画にはなっていなかった．

戦後，都市計画への地方自治体の権限を強めた新たな都市計画法が 1968 年に制定された．

表 11-1　用途地域内の建築物の用途制限

	第1低層住専	第2低層住専	第1中高層住専	第2中高層住専	第1住居	第2住居	準住居	近隣商業	商業	準工業	工業	工業専用
①＊神社・寺院・教会等・保育所等・公衆浴場・診療所												
＊巡査派出所・公衆電話等												
＊老人福祉センター・児童厚生施設等	A	A										
②＊住宅・共同住宅・寄宿舎・下宿												○
＊店舗等との兼用住宅で兼用店舗等の部分の面積が一定規模以下のもの												○
図書館・博物館・老人ホーム・身体障害者福祉ホーム等												○
③＊幼稚園・小学校・中学校・高校											○	○
④大学・高専・専修学校・病院	○	○									○	○
⑤2階以下かつ床面積の合計が300m² 以下	○	○										
⑥床面積の合計が150m² 以内の一定の店舗，飲食店	○											○ B
⑦床面積の合計が500m² 以内の一定の店舗，飲食店	○	○										○ B
⑧上記以外の物品販売業を営む店舗，飲食店	○	○	○	C	D							○
⑨上記以外の事務所等	○	○	○	C	D							
⑩自動車教習所・床面積の合計が15m² を超える畜舎	○	○	○	○	D							
⑪ボーリング場・スケート場・水泳場・スキー場・ゴルフ練習場等	○	○	○	○	D							○
⑫カラオケボックス等	○	○	○	○	○							
⑬マージャン屋・パチンコ屋・射的場・勝馬投票券販売所等	○	○	○	○	○							○
⑭ホテル・旅館	○	○	○	○	D						○	○
⑮営業倉庫・自動車車庫	○	○	○	○	○	○						
⑯劇場・映画館・演芸場・観覧場（客席床面積の合計200m² 未満）	○	○	○	○	○	○					○	○
⑰＊劇場・映画館・演芸場・観覧場（客席床面積の合計200m² 以上）	○	○	○	○	○	○	○	○			○	○
＊キャバレー・料理店・ナイトクラブ・ダンスホール等	○	○	○	○	○	○	○	○			○	○
⑱公衆浴場・ヌードスタジオ等	○	○	○	○	○	○	○	○		○	○	○

（石井一郎・湯沢昭編著『地域一都市計画』鹿島出版会，2007年，をもとに作成）
○＝建築できない地域，A＝一定規模以下のものに限り建設可，B＝物品販売店舗・飲食店が建築禁止，C＝2階以上かつ1,500m² 以下は建築可，D＝3,000m² 以下は建築可

現在からみれば地方自治体への権限委譲は限定的といえるが，戦前の都市計画法からみれば画期的なものである．都市計画法の及ぶ範囲を都市計画区域として定め，その区域内を市街化区域と市街化調整区域に区分する（線引き，もしくは区域区分と呼ぶ）．市街化区域は，すでに市街化がすすんでいる地域もしくは近い将来に市街化がすすむと考えられる地域であり，用途地域を設定して土地利用を規制，誘導する（表 11-1）．一方，市街化調整区域では原則として

都市施設の立地は不可能である．この線引きは，開発許可制度とともに，法律制定当時問題になっていたスプロールの防止を意図していた．しかし，開発許可を必要としないミニ開発が横行したり（10 章），市街化区域が広めに設定されたりする（つまり，市街化調整区域の範囲を小さくする）事例が多かったことなどにより，スプロールを食い止めることはできなかった．

都市計画法は，1968 年の制定以降も，時代の変化に応じて幾度となく改正されている．1990 年代以降では，中心市街地活性化法，大店立地法の制定にともなう改正（まちづくり三法の制定，1998 年），地方分権一括法にともなう改正（1999 年），まちづくり三法の改正（2006 年）が主なものである．これらは，中心市街地の再生と大型店の立地誘導を効果的にすすめること，および地方分権に対応した都市計画行政の構築を目指したものといえる．

2．都市開発とその誘導

都市計画は，乱開発を抑制するためだけに存在するわけではない．有効な土地利用がなされていない地域においては，開発を促進するために活用されることもある．都市計画法では，自治体が都市の健全な発展と秩序ある整備を図るための市街地開発事業として，土地区画整理法による土地区画整理事業，新住宅市街地開発法による新住宅市街地開発事業，都市再開発法による市街地再開発事業などが挙げられている．

土地区画整理事業とは，土地の形状が複雑に入り組んでいる地区を整形する手法である．その際，もとの地権者の土地を，整形した土地にして交換する換地が行われる（図 11-1）．その過程で，地権者は，自分の土地の一部を手放すことになるが（これを減歩と呼ぶ），手放した土地は，公共用地や売却のための土地（保留地）となる．保留地を売却することで，事業費の一部がまかなわれる．減歩によって地権者の面積が減少するにもかかわらず，この事業が成立するのは，区画整理によって誕生した新たな土地は，有効活用が可能になり土地の価値が高まるためである．土地区画整理事業は，都市部だけでなく住宅地などでも幅広く実施されている．

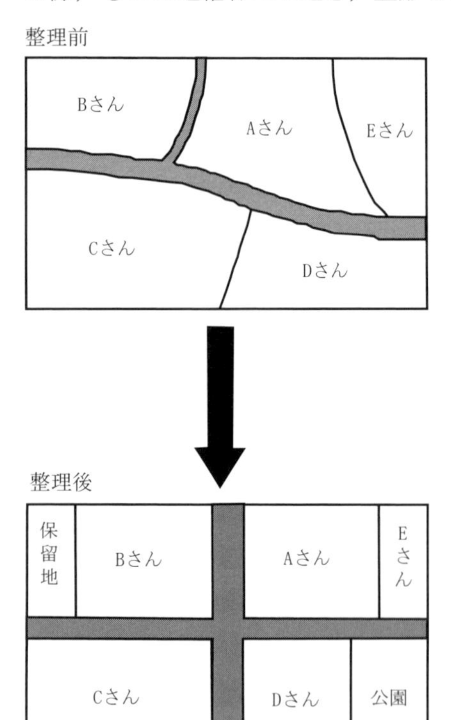

図 11-1　土地区画整理事業の模式図
（国土交通省 HP をもとに作成）

新住宅市街地開発事業は，大都市の周辺部において，居住環境の良好な住宅地の大規模な供給を行うことなどを目的として実施されるものである．住宅だけでなく，道路，公園，小中学校，店舗など，生活に必要な公共施設も計画的に建設するものであり，大規模なニュータウン建設の際に適用されることが多い．千里ニュータウンをはじめ，数多くの大規模住宅地がこの手法によって建設されている．

市街地再開発事業は，駅前や都市中心部など，戦後

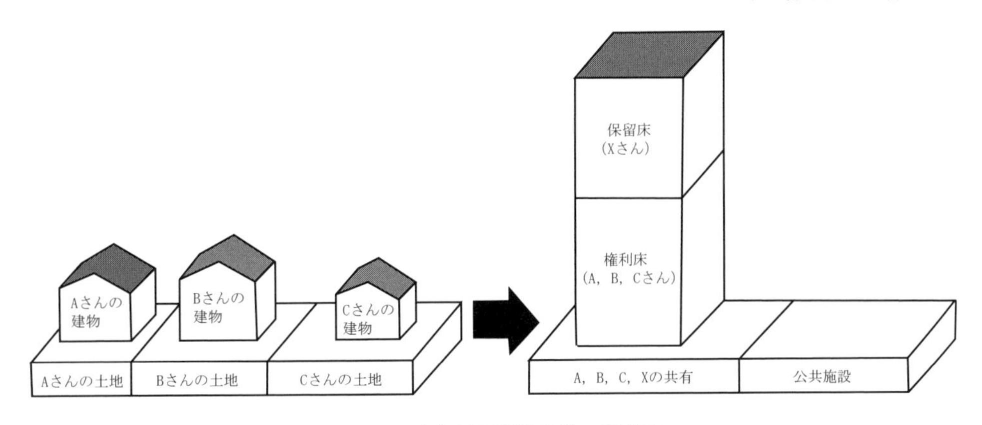

図 11-2　市街地再開発事業の模式図
（再開発コーディネーター協会 HP をもとに作成）

の都市発展の過程で狭小な住宅や店舗が密集した地区において実施されることが多い．需要の高い都市中心部の土地が有効活用されていないし，密集した環境が防災上好ましくないと見なされるからである．この事業では，高層の再開発ビルを建設して土地の垂直的な利用が図られる（図 11-2）．この際，土地を共有した上で，新たに建設された再開発ビルの床を，もとの建物，土地所有者等の権利と等価で交換する．こうして再開発ビルで取得される床を権利床と呼ぶ，一方，高層化された再開発ビルには権利床以外にも床が生み出される．保留床と呼ばれるこの床を外部企業などに売却することによって事業費の一部がまかなわれる．このようにして，地域住民以外が再開発に参入すること，および再開発ビルのキーテナントに外部企業を誘致する道筋が法的に整備された（藤井，2013）．

3．コンパクトなまちづくり

自動車の利用を前提とした郊外開発（9 章，10 章）の結果，市街地は水平的に拡大し，大型店の郊外立地がすすんだ．これにともない，中心市街地の衰退が顕著になってきた．こうした状況を，人々の生活スタイルの変化に対応した必然的なものとして放置しておいてよいのか，それとも衰退を食い止めるべきかが問題となることが多い．最近の都市政策では，後者のように中心市街地の再生をめざす方向となっている．これには，以下のような背景がある．

まず，急速な高齢化にともない，自動車を運転できない人が増加してきたことである．買い物困難者問題（9 章）はその典型例である．現在は自動車を運転できる人でもいずれはそれが困難になる日が訪れるかもしれない．そうなったときに日常生活に困ることのない都市構造に改めておくべきと考えられる．次に，自治体の財政問題である．水平的な市街地拡大は，非効率な行政サービスの発生につながりうる．これまでのように潤沢な税収が期待できない状況下では，できるだけ効率的な行政サービスの提供が必要になる．そのためには，低密度に拡散した市街地よりも，高密度な中心市街地のほうが望ましい．さらに，地球レベルの環境問題への対応もある．地球温暖化の一因とされる自動車の排気ガスの排出抑制は，国際的な課題となっている．自動車に依存しないまちづくりのためにも，中心市街地再生の意義は大きい．

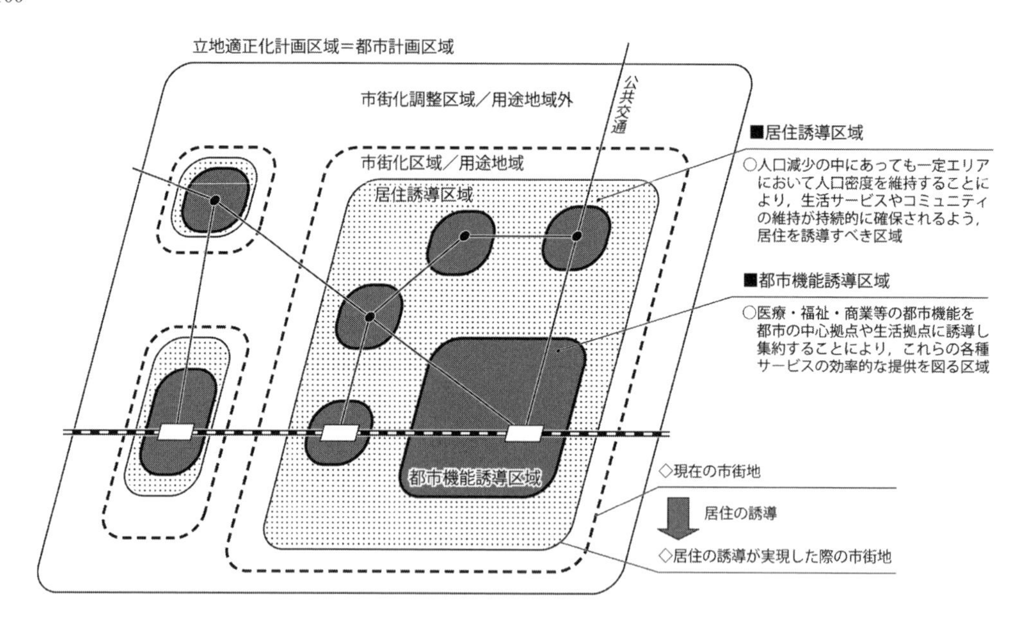

図 11-3　立地適正化計画の概要
（荒木俊之「地理的な視点からとらえた立地適正化計画に関する問題－コンパクトシティ実現のための都市計画制度」E-journal GEO 12-1，2017 年）

中心市街地再生を目的とした政策はこれまでにもなされてきた．先述のまちづくり三法（中心市街地活性化法，大店立地法，都市計画法）が代表的である．これは，中心市街地の活性化をすすめる中心市街地活性化法がアクセル役，大型店の立地調整を担う大店立地法と，大型店を含めた土地利用規制を行う都市計画法がブレーキ役となって，中心市街地と郊外の健全な発展をめざしたものであった（荒木，2017）．その後もまちづくり三法を改正し，郊外への大型店の出店を抑制してきたものの，中心市街地再生にはつながらなかった．

こうした状況を打開するため，2014 年に都市再生特別措置法，地域公共交通活性化再生法，中心市街地活性化法が改正された．これは，都市機能，居住機能がそれぞれ集約したコンパクトな地域を形成するとともに，それらの地域を公共交通によって結びつけることで，コンパクトな都市構造を維持しようとするものである．このような考え方は，コンパクト･プラス･ネットワークと呼ばれている．

都市再生特別措置法の改正では，新たに立地適正化計画が導入された（図 11-3）．これは，都市計画区域を立地適正化計画区域とし，その区域内において都市機能誘導区域と居住誘導区域を設定するものである．都市機能誘導区域とは，福祉，医療，商業などの都市機能の立地を誘導する区域であり，居住誘導区域とは，居住機能を誘導し人口密度を維持する区域である．いずれの区域においても，それぞれの機能を誘導するにあたって国からの支援が得られる．区域外への都市機能や居住機能の立地に対しては，届け出を必要としたり，市町村が立地抑制を働きかけたりするなどによりコントロールがなされる．

地域公共交通活性化再生法の改正では，地方自治体が，交通事業者と協議した上で，コンパクトなまちづくりと連携した面的な公共交通ネットワークを再構築するためのマスタープラン

（地域公共交通網形成計画）を策定することができるようになった．これに基づき，地方自治体は具体的なプラン（地域公共交通再編実施計画）を作成し，交通事業者は公共交通の再編にかかわる具体的な事業をすすめることとした．コンパクトなまちづくりを標榜していても，公共交通との連携が十分ではなかったこれまでの政策の反省をふまえたものであり，これがコンパクト・プラス・ネットワークと呼ばれるゆえんである．

中心市街地活性化法の改正では，民間投資を喚起して中心市街地の活性化を図るための制度が新たに創設された．具体的には，中心市街地の活性化につながる事業や，事業者の経営効率化を支援するための事業を認定し支援するものが挙げられる．オープンカフェのように街の賑わいを創出する創意工夫に対して，道路占用の許可を認める特例措置も盛り込まれている．

4．市町村合併と市町村連携

地方自治体は，都道府県と市町村（市とほぼ同様の権限を有する東京特別区もある）に大きく分けられる．市町村は，主として住民に身近な行政業務を担当するのに対し，都道府県は，市町村だけでは対処できないような広域にまたがる行政業務を担当する．都道府県の境界や形状は，19 世紀末からほぼ変化なく現在に至っているのに対し，市町村は時代に応じて合併を重ねてきた．このうち，特に大規模な合併が行われたのが，明治の大合併，昭和の大合併，平成の大合併である．

明治に入り，近代的な中央集権体制を確立することをめざした政府は，江戸時代からの小規模な村落共同体のいくつかを統合し，中央集権体制にふさわしい規模の「町村」をつくりあげようとした．この一連の流れを明治の大合併と呼ぶ．一方，同時期に一定の人口規模を有していた都市は「市」とすることとした．1888 年に市制町村制が公布され，翌年施行された．

戦後，地方自治法が制定され，地方自治体の担う行政業務が増加した．これにあわせ，適正な行政業務の遂行を可能とするために 1950 年代に合併がすすめられた．これを昭和の大合併と呼ぶ．戦前までの市は，県庁所在都市やそれに匹敵する人口規模の都市の，しかも現在の中心市街地に相当する部分に限定されていたのに対し，昭和の大合併によって誕生した市には，人口規模も小さく，大部分が村落地域で構成されるところも少なくなかった（1 章）．

1990 年代に入ると，地方分権の推進にともなって，地方自治体の財政力強化を図る必要性が生じ，市町村の合併がすすめられた．これを平成の大合併と呼ぶ．国からの補助金が削減され，よりいっそう効率的な行政運営が求められる中，地方に位置する財政力の弱い自治体どうしが合併によって生き残りを図ろうとする事例が多く見受けられた．

以上の 3 つの大合併を経て，市町村の規模は大幅に拡大した．しかし，人口減少が本格化する今後をふまえると，現在の市町村規模が適切とは言い切れない．とはいえ，平成の大合併が一段落した段階において，再び国が大合併を推し進めることは困難である．こうした状況下で登場したのが，市町村間の連携を強化する定住自立圏と連携中枢都市圏の制度である．

2009 年に制度化された定住自立圏とは，中心市となる自治体と近隣自治体が，都市機能や生活機能の面で役割を分担したり連携したりすることにより，人口維持に必要な都市機能，生

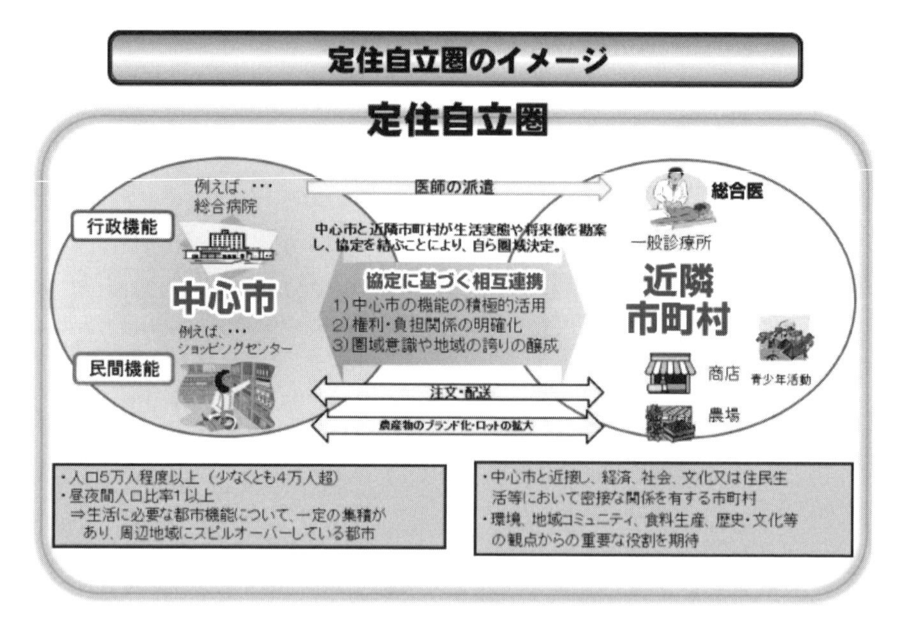

図 11-4　定住自立圏の概要（総務省 HP）

活機能が圏域全体で確保されるようにするものである（図 11-4）．つまり，合併が困難な自治体どうしであっても，機能分担をすすめることで市町村合併のようなスケールメリットが得られるという点に特徴がある．具体的には，三大都市圏以外の人口 5 万以上，昼夜間人口比率 1.0 以上の自治体が中心市になることができる．中心市宣言をした自治体は，近隣自治体との間で定住自立圏形成協定を締結し，具体的な役割分担や連携内容を，定住自立圏共生ビジョンとして策定する．2019 年 4 月現在で, 122 圏域において定住自立圏共生ビジョンが策定されている．

もう一つの連携中枢都市圏とは，定住自立圏よりも規模の大きい都市と近隣自治体の連携を図るものである．連携中枢都市になることができるのは，政令指定都市もしくは中核市，昼夜間人口比率 1.0 以上の自治体である．連携中枢都市宣言をした自治体は，近隣自治体との間で連携協約を締結し，具体的な役割分担や連携内容を，連携中枢都市圏ビジョンとして策定する．連携する事業について，定住自立圏の場合は生活機能に関わるものが中心であるが，連携中枢都市圏では，圏域全体の経済活性化や，高次都市機能の集積・強化など，生活面にとどまらない．2019 年 4 月現在で，32 圏域において連携中枢都市圏ビジョンが策定されている．

[参考文献]

荒木俊之「地理的な視点からとらえた立地適正化計画に関する問題－コンパクトシティ実現のための都市計画制度」E-journalGEO12-1，2017 年
石井一郎・湯沢昭編著『地域・都市計画』鹿島出版会，2007 年
林　上編著『現代都市地域の構造再編』原書房，2007 年
藤井英明「1970 ～ 80 年代における富山市駅前再開発と中心商店街－「商業近代化」政策とコミュニティー・マート事業」立教経済学研究 66-3，2013 年

12章　都市を歩く

以上の章では，それぞれのテーマに基づいてさまざまな都市を事例として取り上げてきた．本章では，特定の都市に着目し，本章の各テーマに関連づけながらその都市のさまざまな側面を紹介する．ここでは，タイプの異なる4つの都市（横浜市，岐阜市，呉市，田川市）を事例とする．

1．神奈川県横浜市

横浜市（図12-1）は，3章でも述べたように，江戸時代末期の横浜開港によって発展のはじまった都市である．当初開港予定であったのは神奈川宿であったが，外国人が東海道を通じて江戸に直結してしまうことや，日本人との摩擦を懸念した幕府は，寒村にすぎない横浜村を開港することに決定した．こうした経緯から，開港当初は，横浜ではなく神奈川に各国の領事館が置かれた．東海道付近に立地していた寺院が領事館として選ばれた（図12-2）．横浜居留地が本格的に運用されるようになると，次第に領事館は横浜に移転し，名実ともに横浜が居留地として発展していくこととなった．

日本人の多い地域から外国人を隔離するという意図は，神奈川から横浜に居留地を変更したことにもあらわれているが，居留地の構造においても同様であった．日本大通（図12-3）を挟んで東側を外国人居留地，西側を日本人商業地区とし，さらに周囲を堀で囲い，関所を設けるなどの措置をとった．今も駅名に残る「関内」の地名は，関所の内側を意味している．中村川を隔てて関内居留地の東側に位置する山手居留地は，関内居留地開設後，外国人が居住地としての使用を要求し認められた地区である．山手居留地の住居から関内居留地の職場へと向かう外国人が通る元町通には，外国人向けの店舗が多数立地し，商店街が形成された．これが，洗練された洋風の街として名高い元町（図12-4）の起源である．

日本で最初に鉄道が開通したのは，1872年，新橋－横浜間であった．首都である東京と，居留地開設によって著しい発展を遂げていた横浜を結ぶ路線であった．当初の横浜駅は現在の桜木町駅であり，現在地には1928年に移転した．路面電車は，1904年，横浜電気鉄道によって開業されたが，1921年に横浜市交通局に譲渡され，横浜市電としての営業がはじまった．当時は，関内，横浜駅などの中心部はもちろん，周辺部にも路線が拡大していた．戦後のモー

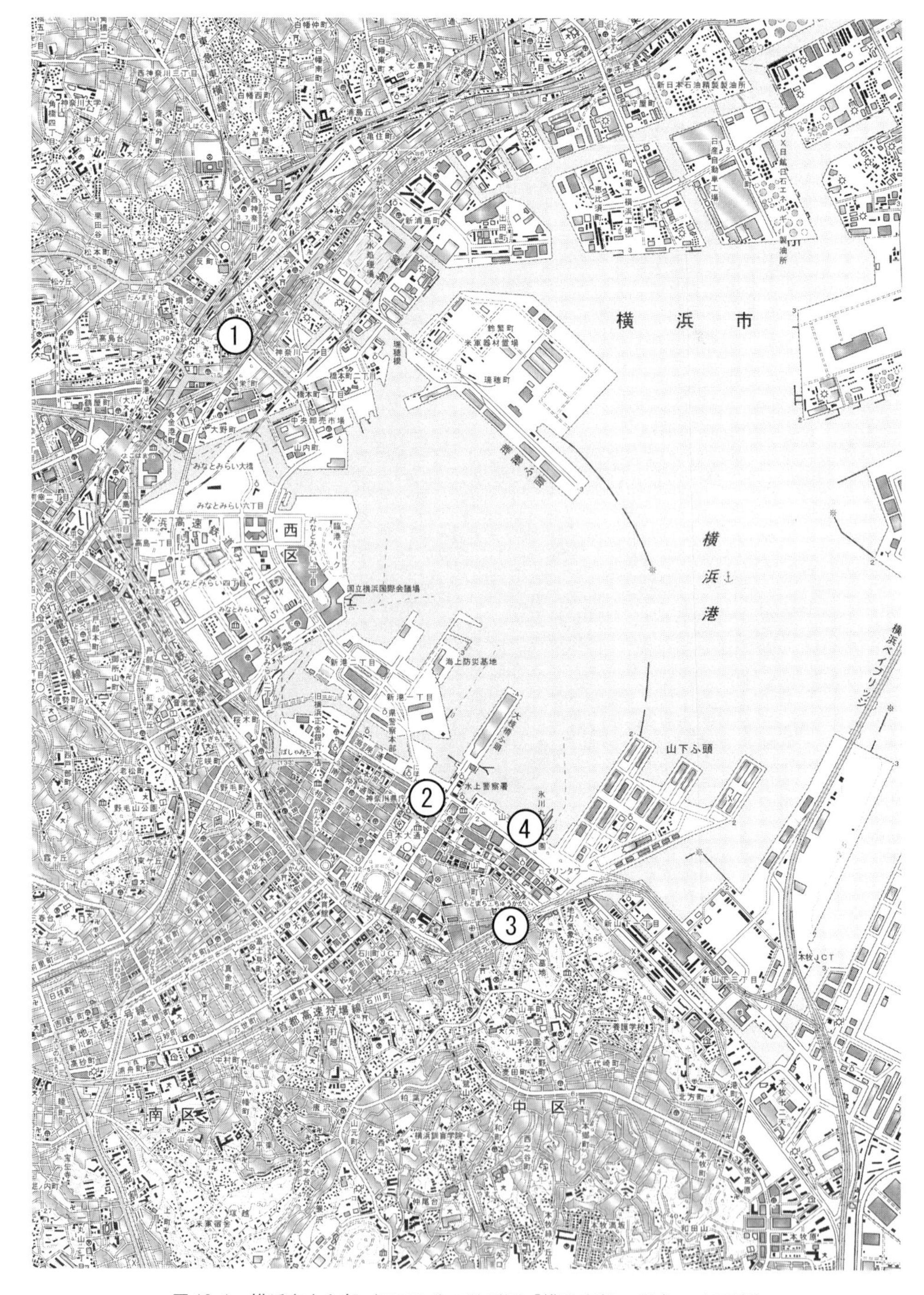

図 12-1　横浜市中心部（25000 分 1 地形図「横浜東部」平成 24 年更新）

タリゼーションの流れ（7 章）に逆らうことができなかったのは横浜市電も同様で，1972 年に廃止された．

1923 年の関東大震災では，横浜の街は壊滅状態に陥り，外国人商人の中には神戸などへ拠点を移すものもあらわれた．しかし，横浜市では，震災後速やかにがれきを処理し，新たな事

図 12-2　イギリス領事館跡（浄瀧寺）
－図 12-1 の①（筆者撮影）

図 12-3　日本大通－図 12-1 の②（筆者撮影）

図 12-4　元町商店街－図 12-1 の③(筆者撮影)

図 12-5　山下公園－図 12-1 の④（筆者撮影）

業に乗り出していった．このときのがれきを埋め立てに使用して完成したのが山下公園（図 12-5）である．しかし，復興もつかの間，第二次世界大戦が近づくと徐々に軍需工業都市の性格が強くなり，大戦末期の大空襲で再び焼け野原となる．

戦後，主要工業地帯に対しては，戦災復興を牽引する役割を担うべく，全国に先駆けて優先的に資本投入がなされた．これにより，京浜工業地帯の中核都市の一つである横浜市にも工業が集積し，地方から集団就職者が多数流入するようになった（5 章）．その後は東京のベッドタウンとしての機能も担うようになり，横浜市の人口は，1968 年に 200 万，1985 年に 300 万を突破した．こうした側面の一方で，東京の郊外という性格上，横浜市は都市システムにおいては下位に位置づけられ（2 章），人口の集積に比べればオフィスの立地が不十分であった．

そこで，1965 年，横浜市 6 大事業の一つとして都心部強化事業が策定された．この事業は，横浜市の都心である横浜駅と関内が，三菱重工業造船所や高島埠頭などの生産・物流施設によって分断されていたことから，この地区を再開発することで，横浜駅，関内とともに都心の一体化を図ることを目的としたものである（佐藤，2016）．この再開発地区は，後に「みなとみらい 21」と呼ばれるようになる．1986 年の第 4 次首都圏整備計画の中で示された業務核都市計画に組み込まれたことで，事業が本格化していった（6 章）．高さ 296m の横浜ランドマークタワーをはじめ，多数の超高層オフィスビル，超高層マンションが立地するエリアに変貌した（図 6-13）．

2. 岐阜県岐阜市

岐阜県の県庁所在都市である岐阜市（図 12-6）は，人口 40 万を超える県内最大都市である．現在の中心部は，JR や名鉄（名古屋鉄道）の岐阜駅周辺から柳ヶ瀬商店街にかけての地区であるが，歴史的にみるとこの地区は中心ではなかった．江戸時代までは，斉藤道三や織田信長の時代に岐阜城（稲葉山城）の城下町として発展した岐阜町と，江戸時代の城下町，宿場町として栄えた加納町という二つの核を持っていた．岐阜城は，関ヶ原の戦い（1600 年）の後，徳川家康によって廃止され，新たに築城された加納城を中心に城下町が形成された．加納町には中山道の宿場町も置かれた．一方，岐阜城廃城後の岐阜町は幕府直轄地となるが，1619 年には尾張藩領となる．城下町としての機能は加納に譲ったが，長良川水運を利用した商業都市として独自の発展を続けることになった．旧岐阜城下町と金華山（岐阜城）を中心とする一帯は，「長良川中流域における岐阜の文化的景観」として重要文化的景観に選定されている（図 12-7）．

明治に入ると，東京と大阪を結ぶ鉄道路線が計画されるが，当初の計画では東海道ルートではなく中山道ルートが採用された（7 章）．この計画に沿って，滋賀県方面（当時は長浜）から関ヶ原，大垣へと路線が開通していった．しかし，1887 年に岐阜駅（当時は加納停車場）が開業する頃には東海道ルートへの変更がなされており，以後は名古屋方面から伸びてきた路線と結ばれるようになった．このような経緯から，中山道沿いにありながら岐阜駅は東海道本線の一部となっている．

東海道本線が開通してからは，それまでの中心地である岐阜町，加納町から，岐阜駅周辺へと都市機能の移動が顕著になった．美濃電気軌道（現・名鉄）の新岐阜駅（現・名鉄岐阜駅）が開業すると，さらにその拠点性は高まっていった．現在のもう一つの中心地である柳ヶ瀬商店街の発展は，西柳ヶ瀬に遊郭が設置されたことが最初である．1911 年に美濃電気軌道が路面電車を開業し，刃物産地，美濃和紙でそれぞれ名高い関町や美濃町と結ばれるようになると，それらの起点であった柳ヶ瀬駅周辺の地位はさらに高まり，商店街，百貨店，劇場，映画館の集積する一大繁華街となった．3 章では，鉄道駅を中心とした地区が旧来の城下町地区を取り込むような形で都心を形成するというのが，旧城下町都市の一般型であるとした．しかし，旧岐阜城下町，旧加納城下町は完全に都心に取り込まれてはおらず．都心周辺の商工住混在地区という位置づけになる（横尾，2009）．

終戦直後，岐阜駅前には大陸からの引揚者によって闇市が形成された（富樫ほか，2007）．これが，現在の岐阜駅前繊維問屋街（図 12-8）の前身である．やがて，問屋街の問屋が商品を企画し，繊維産地で知られる愛知県一宮市や岐阜県羽島市から布を仕入れ，取引先の縫製加工業者が縫製加工を行うという分業体制が確立され，1960 年代には東京，大阪に次ぐ既製服の産地となった．しかし，グローバル化の影響を受け，繊維問屋の衰退は著しい（4 章）．安価な輸入製品との競争激化により，廃業や，海外に拠点を移す事業者も多い．このような中，繊維問屋街では，市街地再開発事業（11 章）により，超高層マンションの建設がすすめられ

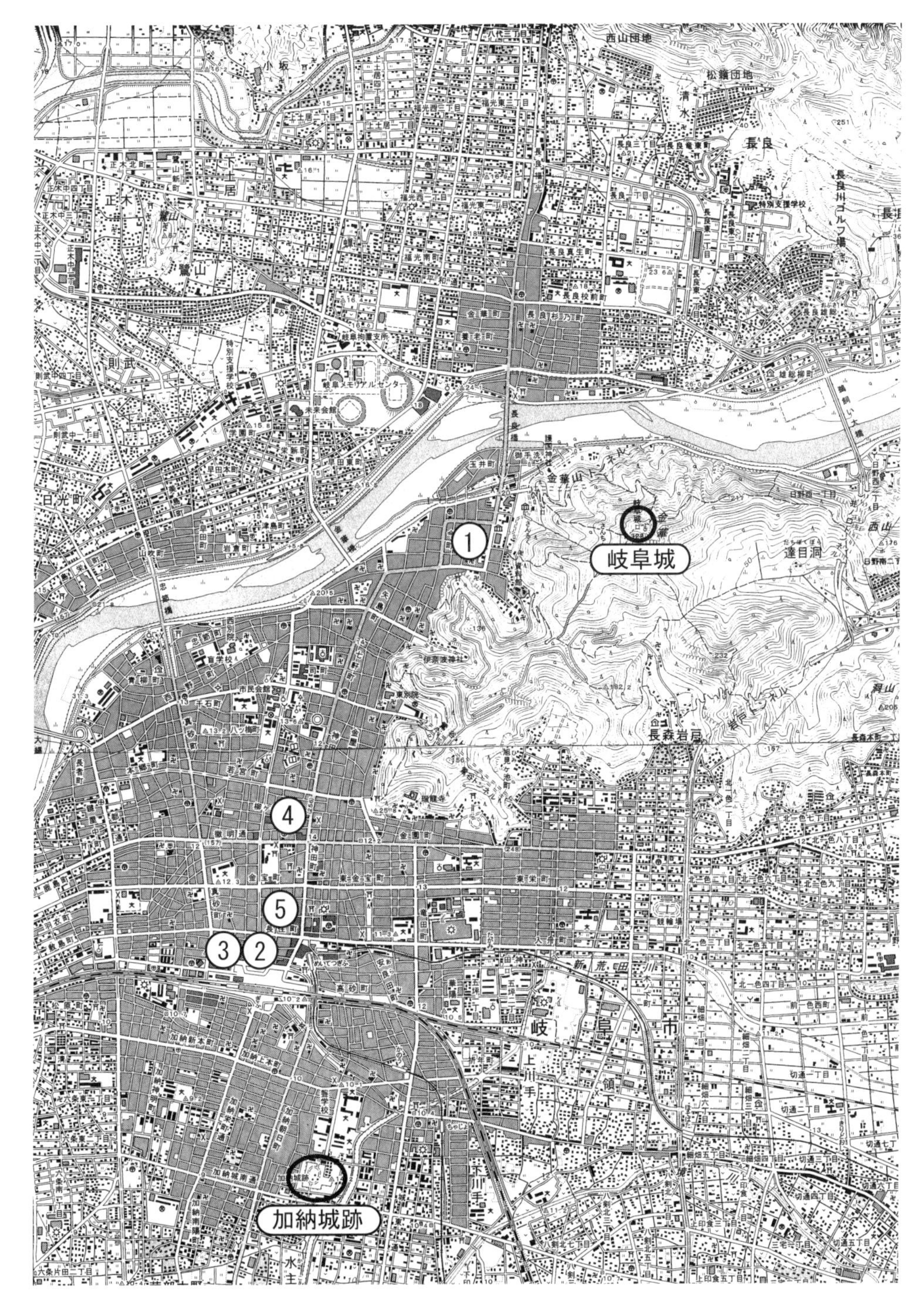

図 12-6　岐阜市中心部（25000 分 1 地形図「岐阜」「岐阜北部」平成 19 年更新）

てきた(図 12-9)．名古屋まで電車で 20 分足らずで到着できる利便性を考慮したものといえる．

柳ヶ瀬商店街（図 12-10）においても，かつてのような繁栄はみられなくなっている．モータリゼーションによる郊外店舗との競合，大都市名古屋における百貨店新規出店（4 章）や増床の影響を受け，柳ヶ瀬商店街の商業地としての衰退は著しい．柳ヶ瀬においても市街地再開

図 12-7　旧岐阜城下町の街並み（背後にそびえ立つのは金華山）－図 12-6 の①（筆者撮影）

図 12-8　岐阜駅前繊維問屋街－図 12-6 の②（筆者撮影）

図 12-9　岐阜駅前繊維問屋街の超高層マンション－図 12-6 の③（筆者撮影）

図 12-10　柳ヶ瀬商店街－図 12-6 の④（筆者撮影）

図 12-11　玉宮通－図 12-6 の⑤（筆者撮影）

発事業はすすめられている．岐阜駅前の超高層マンションによる再開発が成功を収めたことや，コンパクトシティ政策（11 章）によるまちなか居住を推進する行政の意向もあり，柳ヶ瀬においても超高層マンションが建設されている．

こうした中心部の衰退の中，岐阜駅と柳ヶ瀬を結ぶメインストリートである長良橋通と金華橋通の間にある玉宮通では，近年になって再生がすすんでいる（図 12-11）．もともと，繊維問屋と取引のある業者向けの宿泊施設などが立地していたが，繊維問屋の衰退とともに玉宮通も衰退がすすんだ．しかし，メインストリートではないために賃貸料が安いことから，若者向けのファッション服を扱う店舗や飲食店が立地するようになった．

3．広島県呉市

呉市（図 12-12）は，1889 年の呉鎮守府開庁によって発展のはじまった都市である．水野（2014）の類型によると，軍需中心の重工業都市に該当する（5 章）．富国強兵を推し進める明治政府は，横須賀，佐世保，舞鶴，呉を海軍の拠点とし，それぞれに統括部門である鎮守府を設置した．その後，海軍工廠（海軍の軍需工場）が設立され，戦艦や兵器の製造が活発化していった．こ

図 12-12　呉市中心部
(25000 分 1 地形図「呉」平成 19 年更新)

うして，のどかな農漁村に過ぎなかった呉の町が，日本有数の軍需工業都市へと変貌していった．鎮守府が開設されるまでの人口は 1 万程度であったが，1920 年には 13 万を突破し全国第 9 位となった（平岡，1999）．

交通面では，1903 年の国鉄呉線開通により広島と結ばれたのに続き，1909 年には呉電気鉄道によって路面電車の営業が開始された．これは，広島市内の路面電車開業（1912 年）よりも早いものであり，軍需工業都市としての発展がいかに著しかったかを物語る．なお，この路

図 12-13　斜面住宅地（呉市）－図 12-12 の①
（筆者撮影）

図 12-14　呉の造船所－図 12-12 の②
（筆者撮影）

面電車は，いくつかの事業者の変遷を経た後，1942 年に呉市交通局に譲渡され，以降市電として市内交通の中心を担っていくことになる．市内交通の充実にともない，中心部の中通には商店街も形成されるようになった．こうした市街地の発達により，平地部分のみでは住宅が不足し，周辺の山麓にまで住宅地が及ぶようになった（図 12-13）．この結果，呉市は，全国的にも斜面市街地の割合が高い都市の一つとなっている（天野ほか，2004）．

呉市の人口は，戦時体制下で軍事力が強化された 1940 年には 40 万を超えるまでにふくれあがったが，戦時中の空襲により軍事施設や市街地の大半が破壊されたことや，戦後に海軍が解体されたことなどにより，終戦直後には 15 万程度にまで減少した．戦後の呉市は，軍需産業から平和産業への転換を第一にかかげて再出発することになった．

終戦直後には，GHQ の指令によって軍艦解体などがなされていたが，それらが一段落し，占領軍の引き揚げが本格化すると，市民の失業問題が発生するようになった．そこで，呉市は，同じく軍需工業都市であった横須賀，佐世保，舞鶴とともに，旧海軍用地を平和産業施設へと転換させる法律の制定を国に働きかけ，その結果，旧軍港市転換法が 1950 年に施行された（村中，2012）．朝鮮戦争の特需も相まって，1950 年代には旧海軍用地に造船業，鉄鋼業などの重化学工業が立地した（図 12-14）．こうして，戦前の軍需工業都市から臨海工業都市へと転換し，人口も 1975 年には 25 万近くにまで回復した．しかし，オイルショックや円高により，呉市の基幹産業であった造船業，鉄鋼業が打撃を受け，それと並行するように人口も減少傾向にある．

モータリゼーションも，呉市の交通や商業構造に影響を与えている．1967 年には，自動車の普及に押されるように，路面電車（市電）が廃止された（7 章）．1980 年代になると，郊外にロードサイド型店舗が出現し（4 章），中心部との競合がはじまるようになる．中通商店街では，ドーム型のアーケードが設置され（図 12-15），郊外型の店舗に対抗した．呉駅前においても，市街地再開発事業（11 章）が実施され，そごう呉店が出店した．このように，1990 年前後は，中心部，郊外いずれにおいても商業機能の強化がすすんだ時代であった．

しかし，1990 年代に入ると，脱工業化がより鮮明になり，重化学工業のさらなる縮小も避けられなくなった．商業面では，駅前に華々しく誕生したそごう呉店が，バブル経済崩壊の影響，なおかつ郊外型店舗や隣接する駅前店舗との競合に打ち勝つことができなかったことなどにより，2013 年に閉店となった．こうした商工業の不振の中，呉市は観光振興をすすめてい

図 12-15　中通商店街－図 12-12 の③
（筆者撮影）

図 12-16　大和ミュージアム（左）とてつの
くじら館（右奥）－図 12-12 の④（筆者撮影）

る．特に，戦艦大和を建造したことで知られる呉市では，旧軍港を負の遺産とみなすのではなく貴重な観光資源ととらえ，軍港としての歴史や造船技術を展示する呉市海事歴史科学館（大和ミュージアム）を 2005 年に開館した．この開館により，呉市の観光者数が大幅に増加した．なお, 2007 年には, 隣接地に海上自衛隊呉資料館（てつのくじら館）が一般公開され, 大和ミュージアムとともに観光集客施設の一つとなっている（図 12-16）．

4．福岡県田川市

田川市（図 12-17）は，石炭採掘で栄えた旧炭鉱都市である．筑豊炭田の主要都市であり，最盛期には飯塚市，直方市とならんで筑豊三都に数えられた．筑豊地域における石炭採掘は，すでに江戸時代からはじまっていたが，当時は福岡藩や小倉藩の統制のもと，人力での採掘であった．明治時代に入り石炭採掘が自由化されると，小規模の炭鉱業者が多数あらわれ，採掘を開始した．明治初期までの石炭の用途は, 主に鉄道・船舶の燃料や製塩用であった．しかし，1901 年，北九州に官営八幡製鉄所（5 章）が建設されると，製鉄の燃料としての利用が激増した．これにより筑豊の石炭需要が高まるが，合理化のすすんでいない小規模な炭鉱だけでその需要を満たすことは困難であった．そうした中，三菱，三井，住友などの財閥が進出し，中小炭鉱を買収するなどして採掘を拡大した．これに対抗するように, 筑豊で誕生した地元財閥（麻生，貝島，安川）も拡大をすすめた．これら財閥が，膨大な資本をバックに最新の機械化された設備を導入したことで，合理的な大量採掘が可能になった．田川最大の炭鉱であった三井田川炭鉱（図 12-18）も，八幡製鉄所開業の前年にあたる 1900 年に，地元の田川採炭坑を三井が買収して誕生したものである．

田川市は，田川郡の後藤寺町と伊田町が 1943 年に合併して誕生した都市である（松田，2007）．いずれも，石炭採掘の活発化や，石炭輸送を飛躍的に向上させる鉄道の開通などにより発達した町であった．合併前の人口規模はほぼ同等であったが，このような対等関係にある自治体の合併において問題になるのが，新市名や新市役所の場所である．当該地域では，新市名を田川郡にちなんで田川市とし，新市役所は後藤寺駅（現・田川後藤寺駅）と伊田駅（現・田川伊田駅）の中間地点に置くこととした．なお，当時は戦時中でもあったため，実際に新市役所が建設されたのは戦後のことである．

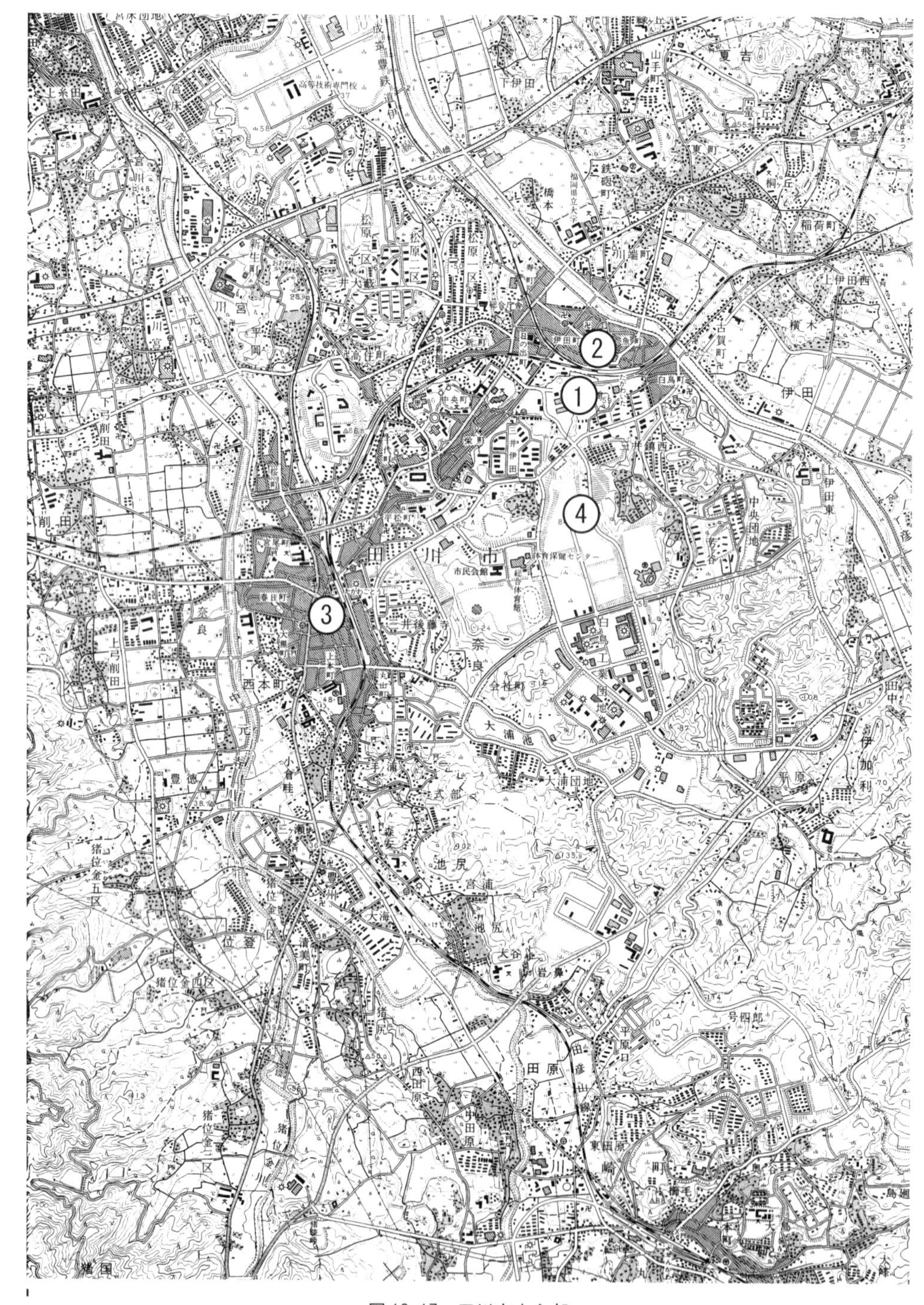

図 12-17　田川市中心部

（25000 分 1 地形図「田川」，平成 11 年部分修正測量）

戦争によって打撃を受けたものの，終戦直後からはじまった傾斜生産方式の導入（5 章）による石炭増産を受けて，田川市は復興がすすんだ．後藤寺駅，伊田駅それぞれの駅前商店街は活況を呈した．昭和の大合併（11 章）の時期である 1955 年には猪位金村を合併し，同年の国

図 12-18　三井田川炭鉱の竪坑櫓と煙突－図 12-17 の①（筆者撮影）

図 12-19　田川伊田駅前の商店街入り口－図 12-17 の②（筆者撮影）

図 12-20　田川後藤寺駅前の商店街－図 12-17 の③（筆者撮影）

図 12-21　白鳥工業団地（手前が空き区画．右奥にみえるのが三井田川炭鉱の煙突）－図 12-17 の④（筆者撮影）

勢調査では人口 10 万 71 人を記録し 10 万都市となった．これは，筑豊三都の中でも最大の人口規模であった．

しかし，このころからエネルギー革命の影響が田川市にも及びつつあり，まずは小規模炭鉱の閉山が行われるようになった．1964 年に三井田川炭鉱が閉山すると，衰退は本格的なものになった．飯塚市や直方市も同様に閉山の影響を受けたが，飯塚市は長崎街道の宿場町，直方市は城下町として，それぞれ歴史的な核を有していたことや，福岡市，北九州市へのアクセスに比較的恵まれていたことから，1970 年代以降は人口がある程度回復した．一方の田川市は，近世的都市の核をまったく持たない炭鉱都市であり（松田，2007），かつ三井田川炭鉱のような大規模炭鉱をかかえていたため，炭鉱閉山の影響を最も被った都市であった．1970 年代以降も人口は減少し続け，2015 年現在 48,441 人と，10 万を誇った 1955 年から半減している．こうしたことにより，かつて繁栄した商店街は，今や人通りもまばらでシャッターの閉まった店舗も目立つようになっている（図 12-19，図 12-20）．しかし，こうしたアーケード付の長い商店街が同一都市に二つ存在していることが，往年の炭鉱都市の繁栄を物語っているともいえよう．

炭鉱閉山後，田川市では炭鉱に代わる新たな産業振興のために工場誘致条例を制定し（5 章），企業を受け入れるためのインフラや工業団地の整備をすすめた．田川市の工業団地の中でも最大規模のものが，三井田川炭鉱の跡地に建設された白鳥工業団地である．積極的な企業誘致に努めてきたが，バブル経済の崩壊，他の自治体との競合などもあり，思うように企業の進出がすすんでいないのが現状である（図 12-21）．

［参考文献］

天野充・杉山和一・金炳徳「全国斜面都市の比較分析」土木計画学研究発表会・講演集，2004年
佐藤英人『東京大都市圏郊外の変化とオフィス立地』古今書院，2016年
富樫幸一・合田昭二・白樫　久・山崎仁朗『人口減少時代の地方都市再生－岐阜市にみるサステナブルなまちづくり』古今書院，2007年
平岡昭利「海軍の街から重工業都市へ－呉市」（平岡昭利編『地図で読む百年　中国・四国』古今書院，1999年
松田隆典「田川－高度経済成長を知らない近代都市」（阿部和俊編『都市の景観地理　日本編2』古今書院，2007年）
水野真彦「工業都市」（藤井　正・神谷浩夫編著『よくわかる都市地理学』ミネルヴァ書房，2014年）
村中亮夫「地形図と空中写真からみる呉の景観変遷」（上杉和央編『軍港都市史研究Ⅱ　景観編』清文堂出版，2012年）
横尾　実「日本の城下町起源都市の地域構造」北海道教育大学紀要．人文科学・社会科学編59-2，2009年

［著者紹介］
稲垣　稜（いながきりょう）
1974年生まれ．奈良大学文学部地理学科教授．
［主著］
『郊外世代と大都市圏』ナカニシヤ出版　2011
『現代社会の人文地理学』古今書院　2014
『日常生活行動からみる大阪大都市圏』ナカニシヤ出版　2021
2012年度に日本都市学会賞（奥井記念賞）を受賞．
2014年度に日本地理学会賞（優秀論文部門）を受賞．

都市の人文地理学

令和元（2019）年9月1日　初版第1刷発行
令和5（2023）年9月10日　第2刷発行
著　者　稲垣　稜
発行者　株式会社 古今書院　橋本寿資
印刷所　株式会社 理想社
発行所　株式会社 古今書院
〒113-0021　東京都文京区本駒込5-16-3
Tel 03-5834-2874
振替 00100-8-35340

ISBN978-4-7722-5325-3　C3025